北大社 "十四五"普通高等教育本科规划教材

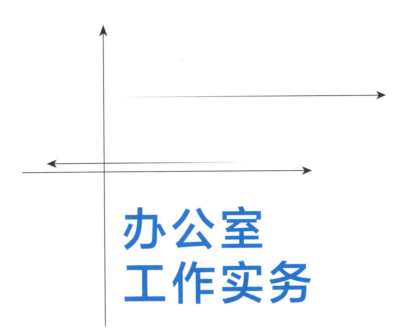

办公室工作实务

主　编　易小会　刘月华
副主编　罗　青　吴晓娟
　　　　皮艳艳　熊芳芳

北京大学出版社
PEKING UNIVERSITY PRESS

内 容 简 介

本书在内容的组织上结合办公室的全部工作内容，以及新媒体时代对办公室工作提出的新要求，以"走可持续发展的绿色办公道路"理念为指导，设定办公室环境、用品、备用金管理；日常事务管理；会务管理；接待事务管理四篇内容，并在日常事务管理模块设定工作微信管理和微博管理两个工作任务，以满足当前远程办公、居家办公等新型办公模式的需求。本书浓缩了现实的工作情景，以实践活动为主线组织编排，更突出了学习目标，给读者提供了灵活运用办事技巧的机会。

同时本书融入课程思政元素，案例不局限于虚拟的工作场景，而是融入时政要素，让读者在训练技术技能的同时，了解各项制度的社会背景；在整体编写思路上贯穿"学会办事"的主题，紧紧围绕实际工作情景引出任务，提出任务分析思路和提供完成任务所需的信息资源，给读者完成工作任务提供了必要的理论知识支持和帮助。

本书既可以作为本专科汉语言文学、行政管理、秘书学、现代文秘、法律事务等专业办公室事务、秘书实务、秘书综合实训等课程教材，也可作为职场办公技能提升的自学教材。

图书在版编目（CIP）数据

办公室工作实务 / 易小会，刘月华主编． -- 北京：北京大学出版社，2024.10． -- ISBN 978-7-301-35247-2

Ⅰ．C931.4

中国国家版本馆 CIP 数据核字第 2024A3A696 号

书　　　名	办公室工作实务 BANGONGSHI GONGZUO SHIWU
著作责任者	易小会　刘月华　主编
策划编辑	李娉婷
责任编辑	赵天思　李娉婷
数字编辑	金常伟
标准书号	ISBN 978-7-301-35247-2
出版发行	北京大学出版社
地　　　址	北京市海淀区成府路 205 号　100871
网　　　址	http://www.pup.cn　新浪微博：@北京大学出版社
电子邮箱	编辑部 pup6@pup.cn　总编室 zpup@pup.cn
电　　　话	邮购部 010-62752015　发行部 010-62750672　编辑部 010-62750667
印刷者	河北文福旺印刷有限公司
经销者	新华书店
	787 毫米 × 1092 毫米　16 开本　13.25 印张　306 千字 2024 年 10 月第 1 版　2024 年 10 月第 1 次印刷
定　　　价	42.00 元

未经许可，不得以任何方式复制或抄袭本书之部分或全部内容。
版权所有，侵权必究
举报电话：010-62752024　电子邮箱：fd@pup.cn
图书如有印装质量问题，请与出版部联系，电话：010-62756370

前言
PREFACE

办公室是企事业单位承上启下，内外沟通协调的重要枢纽，是在综合考虑大局的前提下对内要做好为领导及职工服务，对外要做好为外来单位、客户服务的综合性办事机构。因此，办公室的工作千头万绪、琐碎而繁杂，相关的工作技术技能也成为当前办公室工作人员必须学习和掌握的内容。

2021年，教育部办公厅发布《关于推荐新文科研究与改革实践项目的通知》，围绕"'新文科'的'新'从何来，通向何方"的讨论油然而生。针对此问题，各高校文科类专业不断加强对新课程的建设和探索，守正创新地持续推动教育教学内容的更新，将中国特色社会主义建设的最新理论成果、党的二十大精神内涵和实践经验引入课堂、写入教材，并转化为优质教学资源。为顺应"新文科"的理念，推动办公室工作人员技术技能提升及相关高校办公室工作相关课程的优质教学资源建设，本书引入新思维、新理念，积极创新。本书具体有以下几个特色。

第一，围绕办公室工作主要内容与新时代对办公室工作人员提出的新要求，遵循"工作内容全面性覆盖、突出性讲述、创新性增补，工作进程循序性编排"的理念，将教材内容分为四大模块，具体为：办公室环境、用品、备用金管理；日常事务管理；会务管理；接待事务管理。

第二，在每章设定相应的知识目标、能力目标，在具体的教材内容中利用与课程内容契合的相关案例，巧妙地进行导入、拓展，在培养读者办公室技术技能的同时，引发读者的深入思考。

第三，采用工作任务完成式的编排模式，使学习过程成为工作过程，增强读者的工作体验感。本书每章均设置了相关的工作任务，用"情景导入—情景描述—任务分析—知识准备—任务实施—课后任务布置"的基本程序，让读者游刃有余地完成相关工作任务，并从中获得成就感。

第四，将互联网思维与结构性思维相结合。本书设有以二维码形式展示的拓展知识，为读者提供了丰富的自学资料，增强了互动性和趣味性，提升了读者的体验感。同时，每节节后都设有相应的思维导图，供读者对整个任务完成过程中的知识结构进行完整的梳理，以便提高学习效率。

参加本书编写工作的人员有：刘月华（第一章、第二章）；易小会（第三章、第四章);皮艳艳(第五章、第六章);罗青(第七章、第八章、第九章);吴晓娟(第十章、第十一章、第十二章);熊芳芳(第十三章、第十四章),同时本教材在编写修订过程中也得到北京大学出版社编辑及推广人员的大力支持,在此深表谢意!

同时我们也衷心希望本书能对相关领域的学者、学生及从业人员有所帮助。由于编者认识水平有限,教材中难免存在不妥之处,恳请广大读者批评指正。

编写组

2024 年 1 月

资源索引

目 录 CONTENTS

第一篇　办公室环境、用品、备用金管理

第一章　办公环境管理 ... 2
1.1　办公室布局设计与办公环境布置 ... 3
1.2　办公室安全 ... 14

第二章　办公用品管理 ... 20
2.1　采购、保管办公用品 ... 21
2.2　发放办公用品 ... 26

第三章　办公室备用金管理 ... 32
3.1　备用金概述 ... 33
3.2　费用报销 ... 40

第二篇　日常事务管理

第四章　电话管理 ... 54
4.1　接听电话 ... 55
4.2　拨打电话 ... 63

第五章　邮件管理 ... 69
5.1　接收邮件 ... 70
5.2　寄发邮件 ... 77

第六章　微平台管理 ... 86
6.1　工作微信管理 ... 87
6.2　微博管理 ... 95

第七章　印章和介绍信管理 102
7.1　印章管理 103
7.2　介绍信管理 109

第八章　差旅安排 114
8.1　境内差旅安排 115
8.2　办理出境商务旅行手续 120

第九章　时间管理 126
9.1　制定工作日志 127
9.2　安排约会 131

第三篇　会务管理

第十章　会前相关工作 138
10.1　会前方案拟制 139
10.2　会场布置 145
10.3　会议邀请 150

第十一章　会中服务 157
11.1　接站工作 158
11.2　编写会议记录 162

第十二章　会场善后 166
12.1　送别工作 167
12.2　会后工作 170

第四篇　接待事务管理

第十三章　个人来访接待 178
13.1　有约接待 179
13.2　无约接待 185

第十四章　团体来访接待 190
14.1　接待准备 191
14.2　接待实施 195
14.3　商务宴请 199

第一篇

办公室环境、用品、备用金管理

第一章

办公环境管理

> **知识目标**
>
> 1. 了解办公环境的分类;
> 2. 熟悉办公室布局的类型和基本要求。

> **能力目标**
>
> 1. 能够识别办公室内的安全隐患并采取相应预防措施和处理措施;
> 2. 能够创造和维护安全、有序、高效的办公环境。

1.1 办公室布局设计与办公环境布置

1.1.1 情景导入

人性化办公环境注重"人本"设计

美国华盛顿每年都会评选出这样一个奖项：最受员工欢迎的办公环境奖。

对于"人性化办公环境"，人们需要改变一些观念。很多老板认为，给员工提供过于人性化的办公环境会导致员工工作更加懒散。但实际上，一个好的办公环境能够留住更多的人才，代表着对员工有足够的信任与尊重。

一般来说，老板的办公室往往占据最佳位置，不是通风最好就是临窗视野开阔，而在比较人性化的设计中，能看见室外美景的位置一般会留给员工，在办公环境中，员工才是第一位的。

对于上班族来说，一天中至少有 8 小时要待在办公室，良好的办公环境能够使人心情愉悦，工作效率提高，于是上班族对于办公环境的关注与期待自然就多起来。其实，这仅仅是个老套路，对于人们所追求的"人性化办公环境"来说，这些都只是皮毛，人们真正关心的是躲在设计背后的种种细节。

总部设在美国华盛顿的 MG2 建筑设计公司曾获得"最受员工欢迎的办公环境奖"，MG2 建筑设计公司时任副总裁、总建筑师张铭介绍说，在工作节奏加快的现代社会，办公环境的好坏很大程度上决定了人们的工作状态，华盛顿设置这个奖项也是为了让该地区有更多更好的人性化办公环境，让员工能够在工作中感受到舒适。

（选自景观中国网，2005，有删减）

资料来源：http://www.landscape.cn/news/16014.html[2024-06-16].

1.1.2 情景描述

某商业贸易公司随着业务发展，公司员工数量增加，原有的办公空间过于狭小，经公司领导研究决定，在某广场租用了新办公区，需要进行办公室布局设计及办公环境布置工作，这件事交由行政部负责。行政部主任要求你具体负责调研、设计的基础工作，拟订办公室布局方案，将办公室布局设计图和办公环境布置方案提交公司办公会议进行讨论。

1.1.3 任务分析

进行办公室布局设计与办公环境布置，需要考虑投入和产出，也需要考虑公司的经费情况。在进行办公空间规划时，最主要的是分清主次区域，要首先规划主要区域位置，然后根据不同的公司性质突出重点区域和选择主题色，最后合理规划装饰物，满足各科室和部门的使用要求，按照各自的办公模式合理分层和分区，使办公室布局设计和办公环境布置对内对外都有合理的关系。

1.1.4　知识准备

办公室是单位的综合管理机构，具有多种功能，主要职责是"参与政务，管理事务，协调关系，搞好服务"。明显地有别于其他各类部门，具有其自身的特殊性。

办公环境在无形中影响着员工的工作状态。因此，营造环境良好、舒适感十足的办公环境，让身处其中的人能轻松工作是件刻不容缓的事情。

按照由远及近的顺序，办公环境可分为办公活动的社会环境、办公活动的职能环境和办公活动的工作环境。

1. 办公活动的社会环境

社会环境是指一个国家内部的物质经济环境、政治法律环境和精神文化环境，同时包括这个国家的人口、民族、历史等因素。作为社会组织内部管理的组成部分，办公活动必然要从"社会环境"中得到任务和信息，然后进行消化和加工，进而转化为服务于社会和组织的各种"产品"。

2. 办公活动的职能环境

职能环境是指一个社会组织内部的机构设置、目标划分和运行情况，同时包括人际关系和工作方法等因素。办公室在履行自己的职责时必然要同组织中其他机构发生各种各样的联系，职责的正确履行不仅取决于其他机构的支持和配合，还取决于社会组织内部机构设置是否合理、各种制度是否完善，这些最终关系到社会组织内部管理的状况，而社会组织内部管理的状况又在一定程度上影响其社会地位。由此可见，职能环境是办公环境的核心内容。

3. 办公活动的工作环境

工作环境是指具体办公活动的办公场地及使用的设备等，同时包括办公人员的状况。无论各种社会组织的功能有多大差异，其办公活动的工作环境都是由办公人员、设备和办公场地三大要素组成的。对于一般的"上班族"来说，每周几乎有40小时待在办公室里，为了尽可能地减轻精神疲劳，获得较高的办公效率，就必须恰当地把办公场地、设备等环境因素，与对办公人员的心理影响结合起来，使办公人员获得最佳的工作状态。

通常来说，办公活动的社会环境是难以被影响和改进的。我们通常所说的办公环境的优化和改进，主要是针对工作环境而言的。

1.1.5 任务实施

1. 了解公司整体组织架构

组织架构是指公司组织的结构,是在公司管理要求、管控定位、管理模式及业务特征等多因素影响下,在公司内部组织资源、搭建流程、开展业务、落实管理的基本要素。

组织架构的本质是公司为了实现战略目标而进行的分工与协作安排,组织架构的设计要受到公司的内外部环境、发展战略、生命周期、技术特征、组织规模、人员素质等因素的影响。并且在不同的环境、不同的时期、不同的使命下,组织架构模式也不同。

《企业内部控制应用指引》指出,组织架构是指企业按照国家有关法律法规、股东(大)会决议和企业章程,结合本企业实际,明确股东(大)会、董事会、监事会、经理层和企业内部各层级机构设置、职责权限、人员编制、工作程序和相关要求的制度安排。

组织架构图是组织架构的直观反映,是最常见的表现雇员、职称和群体关系的一种图表,它形象地反映了组织内各机构、岗位相互之间的关系。它是从上至下,可自动增加垂直方向层次的组织单元,并且以图标列表形式展现的架构图(举例见图1-1),组织架构图以图形形式直观地表现了组织单元之间的相互关联,并且可直接查看组织单元的详细信息,还可以查看与组织架构关联的职位、人员信息。

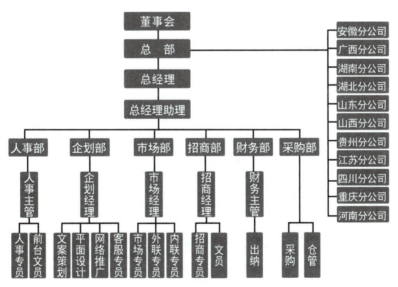

图1-1 某集团公司组织架构图(图片来源于网络)

2. 考察与分析部门职责

各个部门都有自己的职责,只有确定各个部门的职责,才能够使公司正常运行,促使公司正常发展。

部门职责主要有三方面的内容:责任,权利,利益。

（1）责任：部门承担的责任（主要责任、次要责任），部门任务。
（2）权利：为承担部门责任，公司给部门提供的支持、资源。
（3）利益：完成部门任务或承担部门责任后可以获得的收益。

3. 选择办公室布局类型

1）开放式办公室布局

开放式办公室布局的概念始于德国，是指按照工作职能、业务活动和技术分工来确定员工的工作部门和工作团队、小组的区划布局，又称为灵活布局。

开放式办公室布局又可分为全开放式办公室布局（具体见图1-2）和半开放式办公室布局（具体见图1-3）。

全开放式办公室布局是指一个完全敞开的大空间，没有任何隔板，整个办公室空间一览无余，从办公室的任何角度都可以看到每位员工的座位。

半开放式办公室布局一般是用高低不等的软包装隔板（屏风）区分不同的工作部门的布局方式，因为隔板通常只有齐胸高，所以当人们站起身来时，仍然可以看到其他部门员工的座位。

扫描图1-2和图1-3旁边的二维码查看图1-2和图1-3的高清彩图。

图1-2和图1-3的高清彩图

图1-2　全开放式办公室布局（图片来源于网络）

图1-3　半开放式办公室布局（图片来源于网络）

开放式办公室内的每个办公位置通常有办公桌椅、计算机、电话、文件柜、档案柜和办公文具等设备和用具。办公位置的组合主要是依照工作运转流程来安排的，而每位员工的办公位置是由分配的任务决定的。

2）封闭式办公室布局

封闭式办公室布局又称为传统式办公室布局，是指用墙壁将办公空间分隔成若干有门、窗的独立房间的办公室布局（具体见图1-4）。

扫描图1-4旁边的二维码查看图1-4的高清彩图。

图1-4的高清彩图

图1-4　封闭式办公室布局（图片来源于网络）

封闭式办公室布局下，每个房间都有一人或多人办公，一般是按照工作任务或职能分工划分办公室。每个办公室配有办公桌椅、计算机、传真机、文件柜、书架、绿色植物、饮水机等。封闭式办公室布局至今仍然是一些单位办公场所主要采用的设计方式。

开放式办公室布局和封闭式办公室布局两种办公室布局类型各有优点和缺点（具体见表1-1）。

表1-1　开放式办公室布局和封闭式办公室布局的优点和缺点

布局类型	优点	缺点
开放式办公室布局	1. 组合屏风办公桌在办公工作中可以灵活应变，随时按照需求移动； 2. 布局紧凑，密集度高，空间的利用率更高； 3. 节省办公室装修上的面积（墙、门等）； 4. 便于员工之间交流，办公环境更宽阔而显得采光好； 5. 集中化的服务，员工行为易受上司督察； 6. 集中化的办公，办公设备利用率更高	1. 组合屏风办公桌使得有人走动时，员工易受到干扰，而难以集中注意力； 2. 利用桌上屏风可以简单地隔出一块属于个体的办公私人空间，但是私密性不够，难保机密
封闭式办公室布局	1. 可满足单独办公和无噪声办公的理想办公环境要求，比较安全； 2. 使员工易于集中精力，避免受到外界干扰，加强了内部的沟通，适合专业性强、分工细致的工作； 3. 保密性强	1. 建筑成本和能源成本高； 2. 费用高； 3. 影响管理的经营效益

4. 办公空间规划

办公空间规划是指为了有效利用办公室的有限空间，为办公室工作人员提供令人满意的舒适工作环境，使之有益于工作人员的身心健康，提高办公效率，并且有助于工作人员之间的沟通与协调配合，需要对办公空间进行合理的设计与安排，并保留对办公场地进行重新改造和扩展的余地。

工作人员所处部门按性质分为市场部、人事部、财务部、采购部、企划部等。

封闭式办公室一般按职位等级分为普通单间和套间。一般而言，普通单间办公室净面积不宜小于 10 平方米。

开放式办公室根据职位等级和功能需求，又可分为标准办公单元、半封闭式主管级工作单元、配套的文件柜，以及供临时交谈用的小型洽谈或接待区等。

普通级别的文案处理人员的标准人均使用面积为 3.5 平方米，高级行政主管的人均使用面积至少为 6.5 平方米，专业设计绘图人员则为 5 平方米。办公空间规划应根据工作需要和部门人数，参考建筑结构设定面积和位置，先平衡各部门之间的大关系，再做部门内安排。

5. 办公室布局的原则

在通常情况下，各类组织在设计办公室布局和布置办公环境时，需围绕建筑原有的条件，做到基本不改变原有的固定设施，并要充分考虑组织的性质、经营状况和实际需要。

办公室布局不是简单的设施摆放，还需要考虑工作人员在其间工作的舒适感，与办公环境是否协调，是否有利于工作和工作人员间的沟通和监督等。

办公室布局应遵循如下原则。

1）有利于沟通

沟通是指人与人之间思想、信息的传达和交换，这种传达和交换，可以使人们在目标、概念、意志、兴趣、情绪、感情等方面达到相互理解、协调一致。办公室作为一个工作系统，必须保证工作人员之间有充分的沟通，才能使信息及时有效地流转，使系统内各因子、各环节协调地运行。

2）便于监督

办公室布局必须要便于监督，特别要有利于工作人员的自我监督与内部监督。办公室是集体工作的场所，上下级之间、同事之间既需要沟通，也需要相互督促检查。每个人由于存在经历、学问、性格等方面的差异，都有各自的特点，有优点和长处，也有缺点和不足，而个人的缺点往往又是自己难以觉察到的，如不及时纠正，便会给工作带来损失。上下级之间、同事之间的相互监督，能够有效地避免这一问题。因此，办公室布局必须有利于工作人员在工作中相互督促、相互提醒，从而把工作中的失误减少到最低限度。

3）协调、舒适

协调、舒适是办公室布局的一项基本准则。这里所讲的协调，是指办公室布局和工作人员之间配合得当；舒适，即人们在布局合理的办公室中工作时，身体各部位没有不适感，或不适感最小。协调是舒适的前提，只有有了协调，才会有舒适。协调的内涵是物质环境与工作要求的协调。它包括：办公室内设备的空间分布、墙壁的颜色、光线的明暗、空间的大小等与工作特点性质相协调；人与工作安排的协调；人与人之间的协调，包括工作人员志趣、利益的协调及上级与下级的工作协调等。

办公室不同区域的布局应遵循以下对应原则。

1）接待区

接待区一般设计在入口的右边。这是由人们的习惯决定的，一般情况下，人走进一个房间都会习惯性地往右走，所以接待区应设在右边。

2）产品展厅

产品展厅应该设在左边。这也是因为人们往往会走右边，所以产品展厅应该设在人们不常走的地方，以免碰撞产品。

3）接待区与产品展厅不应靠在一起

因为接待区里设有沙发、饮水机等杂物，所以通常不与产品展厅设在同一个地方。而且当有客人来访时，一般会先把他们引到接待区，再引到产品展厅，这是办公室接待来客的习惯。

4）总经理办公室与副总经理办公室

一般情况下，总经理办公室是不和副总经理办公室靠在一起的，国际惯例以右为尊，所以总经理办公室会设在公司的右边。同时，总经理与副总经理的职能不同，总经理是一个公司的总负责人，是运筹帷幄的角色，而副总经理则负责处理公司内部的各项具体事务。因此，两者的办公室一般不设在一起。

5）会议室

会议室一般会设在公司的最里边，因为会议室往往会涉及公司一些最机密的资料和信息，所以设在里边是出于安全、保密的考虑。

6）其他部门的布局

公司其他部门的布局可以视具体情况而定。我们可以先了解公司的类型（即公司主要业务是什么），再视其财务状况等各方面因素决定布局方式。可以将其设计成开放式，也可以设计成封闭式，还可以设计成半开放半封闭式。

6. 选配办公家具

办公家具选配不同于一般家用家具的选配，在功能、材质、造型、色彩等方面的选择上都有其自身的个性特征。办公空间的办公家具一般为众多人员所使用，它具有特殊的功能和特点。办公家具布置法则为大小相衬、高低相接、错落有致、工艺相宜。

人们一般习惯把住房分为三个区域：

① 安静区，离窗户较远，光线比较弱，噪声也比较小，安放床铺、衣柜等较为适宜；

② 明亮区，靠近窗户，光线明亮，适合看书写字，放写字台、书架等较为适宜；

③ 行动区，为进门室的过道，除留一定的行走活动地盘外，可在这一区域放置沙发、桌椅等。

同样地，办公家具分区摆置，房间就能得到合理利用，并给人以舒适清爽感。高大家具与低矮家具应互相搭配布置，高度一致的组合柜严谨有余而变化不足，办公家具的起伏过大，又易造成凌乱的感觉，所以，不要把沙发类低矮家具紧挨大文件柜，以免产生大起大落的不平衡感。最好把五斗柜、食品柜等家具作为高大家具，把低矮家具作为过渡家具，给人视觉由低向高逐步伸展的感觉，以获取生动而有韵律的视觉效果。若一侧办公家具既少又小，则可以借助盆景、小摆设和墙面装饰来达到平衡效果。

办公家具的选择、运用，除了看制造商的品牌、产品品质、成本、专业、服务，还要考虑不同行业的性质及不同的工作需求。例如美国的律师行业，其员工所使用的屏风系统，多采用厚实的材料，甚至是木质面，厚实的稳重感彰显了律师这个行业所具有的权威性和给人的信赖感；而信息技术等高科技行业则可以采用轻巧灵动的薄屏，例如银色铝合金材料就充满了创新感和科技感。

总之，办公家具的布置应该大小相衬、高低相接、错落有致、工艺相宜。

7. 维护办公环境

1）空气环境

空气环境是以空气的温度、湿度、清洁度和速度四个参数来衡量的，称为空气的"四度"。

（1）温度。

空气温度的高低对人的舒适和健康影响很大。如果空气温度过高，会使人频频出汗，烦躁难忍，造成人体内部热量不能及时散出；温度过低又使人体内部热量散出过多。人体最舒适的环境温度为20℃～28℃。生理学家研究表明，在15℃～18℃的环境里，人的思维敏捷，记忆力强，工作效率最高，温度低于15℃时，人会产生懈怠情绪，工作效率也会降低。当环境温度为30℃～35℃时，人体血液循环加快，代谢能力加强，此时要及时排散体内的热量，否则体温升高，人便会神疲力倦，思维迟钝。

室温在冬夏两季变化最大，因此，我们应注意调节冬夏两季室内的温度，在湿度、气流都正常的情况下，夏季适宜室温为21℃～32℃，24℃～26℃为最理想的温度；冬季适宜室温为16℃～20℃，16℃～18℃为最理想的温度。综合温度、湿度和速度三种室内气象要素，可给出一个人体感到舒适的"感觉温度"范围，为17℃～22℃。人们应该根据科学家提供的数据，调整环境温度。

（2）湿度。

一定的场合有一定的湿度要求。人体时常通过出汗散热来调节体温，适宜的湿度是创造理想工作环境的一个重要参数。适当的空气湿度能振奋精神，提高工作效率。在正常温度下，办公室的理想的相对湿度为40%～60%。

（3）清洁度。

空气的清洁度是表示空气的新鲜程度和洁净程度的物理指标。空气的新鲜程度就是指空气中负氧离子的浓度。例如，许多人在一个关闭的屋子里开会，时间一久，就会有胸闷或压抑的感觉。在这种情况下，必须打开门窗，透透空气，也可以开启排风扇或空调机，以调节室内的空气。办公室空气新鲜与否，与人的身体健康有着密切的关系。新鲜的空气，可以使人精神焕发，工作效率高；污浊的空气则使人感到身体不适，影响情绪，降低办公效率。很多都市白领工作一天之后感到头昏脑涨，就和空气不够"营养"

有一定关系。世界卫生组织规定，当每立方厘米空气中的负氧离子含量为 1000～1500 个时，即可被称为洁净空气。

（4）速度。

这里的速度指办公室里空气流动的速度。更换室内的空气是通过空气流动来实现的。一般来说，在室温为 22℃左右，空气的流速为 0.25 米/秒的情况下，人体能保持正常的散热，并有一种微风拂面之感，感到舒适。空气流动速度过快或过慢，都会引起人的身体上的不适。常开窗能起到换气、使空气对流的作用。

2）视觉环境

（1）光线。

办公室应有适宜的光线，以保护员工的视力。光源最好从左后上方射过来，座位不可背门窗，但也不可对着窗，因为整日对窗，光线强烈，对视力会有不良影响。

现代大楼通常在窗户上加装窗帘或百叶窗，然后室内开灯，这是错误的做法。最好的光源是自然光，所以不宜拉上窗帘再开灯。因为人工光和自然光波长总有不同，久而久之对眼睛会有影响。头顶上方最好不要有灯，更不可有大型吊灯，一则会在桌面上产生反光，对视力产生危害；二则万一发生地震或因不牢固而掉下来会砸伤人；三则头上有灯，也会使人在潜意识中产生危机感，会导致心神不宁、脱发、精神恍惚。如果办公室很难做到处处都有自然光，或让阳光从背后照在计算机屏幕上，则可以用一些人工的方法来弥补。人工补光，以尽可能模拟自然光为好，最好多盏日光灯同时使用，以减少对眼睛的伤害。另外，日光灯色调偏冷，可以在桌面放置一盏小台灯，既可弥补日光灯的照明死角，又能增加视觉上的温暖效果。

（2）颜色。

在办公室中，每一种颜色都有它自己的语言，它会向员工和客户传达出一定的心理信息。室内色彩搭配中各部分的配色各有自己的特点，不同的界面采用的颜色可以各不相同，甚至同一界面也可以采用几种不同的颜色。

办公室的颜色要因室、因人、因功能而有所区别。要搭配好办公室里的颜色，主要应注意以下 5 个方面。

① 低矮的办公室用浅色。

因为浅色可以使人产生扩张感，使办公室显大显高。用浅蓝、浅绿做墙面的颜色都不错，但最好不要用米黄色，因为米黄色容易让人感觉昏昏欲睡，如果有灰尘，还会显得陈旧。

② 背阴的办公室用暖色。

阳光充足的办公室让人心情愉快，而有些办公室背阴，甚至根本没有窗户，让人觉得很冷，而且要依赖人工光源。因此，这样的办公室最好不要用冷色调，砖红、印度红、橘红等颜色都能让人觉得温暖。而且墙壁一定不要使用反光能力强的颜色，否则会使员工因光线刺激而眼疲劳，没有精神，无形之中降低了工作效率。

③ 创意人员的办公室用亮色。

员工的工作性质也是设计颜色时需要考虑的因素。要求员工细心、踏实工作的办公室，如科研机构，要使用清淡的颜色；需要员工思维活跃，经常互相讨论的办公室，如创意策划部门，要使用明亮、鲜艳、跳跃的颜色作为点缀，刺激员工的想象力。

④ 领导座椅颜色要更深。

一个单位的办公室所使用的颜色不仅要整体一致，还要考虑通过局部颜色的差异来区分员工职位等级。比如，某公司的普通员工的办公桌为浅灰色，座椅为暗红色，既是整个冷色调中活泼的点缀，又可以使领导一目了然地看到哪个员工不在座位上；这家公司的中层管理人员和高层管理人员的办公桌都是木纹棕色，但是中层管理人员的座椅为蓝灰色，而高层管理人员的座椅为黑色，显示出庄重和权威。

⑤ 会议室与办公室的风格要不同。

很多公司的会议室和办公室的风格几乎一模一样，只不过把办公桌换成了会议桌，让人不能将注意力集中到发言者的身上；还有的公司会议室布置得像领导的办公室，让人觉得缺乏民主气息。其实，会议室的主色调不妨和办公室相一致，但是桌椅的颜色可以和中层管理人员的桌椅近似，使普通员工感到往上迈了一层，而高层管理人员又能俯下身来倾听，给人以上传下达的感觉，使所有参加会议的人都能畅所欲言。

3）听觉环境

听觉环境指办公室所处的有益声音或有害声音环境。有益声音，如伴奏音乐和愉快交谈的声音；有害声音（噪声），如办公机器的振动声。声音的强度单位为分贝，一般来说超过 70 分贝即为噪声，130～140 分贝会使人耳痛，超过 150 分贝会使内耳结构破坏，甚至导致耳聋。办公室所处的周围环境常有噪声发出，因此，控制有害声音就成为办公环境管理的又一重要任务。

4）绿化环境

室内的绿化环境主要是指把生活、学习、工作、休息的空间变成绿色的空间。它是改善室内环境最有效的方法之一，不但对室内工作、生活有积极的影响，而且对社会环境的美化以及生态平衡有益。加强办公室的绿化设计，可以达到美化空间、净化室内空气、改善人们的工作环境、使办公环境更加人性化的目的。

大门的入口处、楼梯进出口处、变通中心或者转折处、走道尽端等位置，不仅是办公室装修空间中的起始点、转折点、中心点、终结点，还是交通的要害和关节点，所以，这些地方可以放置一些特别醒目的、具有视觉冲击力的、名贵的植物，起到强调某些室内空间需要强化的部分以及重点突出特别之处的作用。需要注意的是，植物大小应根据空间的宽度、高度来选择，以达到绿化的效果。如摆放或种植在狭窄的过道边等地方，需要选择低矮、枝叶不向外延展的植物，否则，不仅妨碍通行，还会损伤植物。

5）设备环境

办公设备的适用化和现代化，也是提高办公效率的必要措施。我国传统的办公设备有办公桌椅、电话、文件柜、报架、书架等。现代化的办公设备则增加了诸如计算机、传真机、复印机、打印机、录音机、录像机等设备。这些办公设备最好集中放在一个区域内，便于对电源线和机器散热等的管理和维护，办公桌上的个人计算机除外。有一点要注意的是，在办公桌上最好不要摆放或过多地摆放私人的物品。

6）安全环境

安全环境是整个办公室安全措施的总和。人只有在安全的环境下才能更安心地工作，安全环境的内容大致包括以下方面。

（1）防火安全。

办公室内存储有大量的档案与资料，如果不慎失火，会造成不可弥补的损失。所以办公场地要特别注意防火，除制定和严格执行安全防火制度外，还要设置防火、灭火及避雷装置，以防止火灾的发生。

（2）人身安全。

办公室工作人员在工作中有时会不可避免地触及少数人的利益，假如有个别思想不正的人，办公室工作人员的人身安全就有可能受到威胁。因此要加强门卫登记制度，以保证办公场地及工作人员的安全。

（3）财产安全。

对办公室的设备、文件、档案等应该实行严格的安全防护措施，以防止盗窃、拐骗、窃密现象的发生。除要有严格的制度作为保障外，还要购置必要的保险设备，并配有专人负责。

1.1.6 课后任务布置

（1）办公室布局的原则是什么？
（2）不同的布局方式各有什么优缺点？
（3）查看《党政机关办公用房建设标准》中各级工作人员办公室的使用面积标准。
本节思维导图如图 1-5 所示。

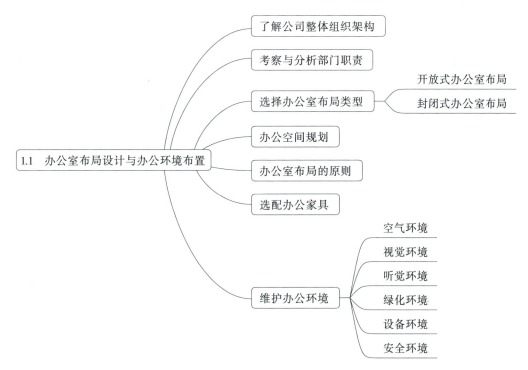

图 1-5　办公室布局设计与办公环境布置思维导图

知识拓展

采购办公家具的技巧

办公家具是用来使用的，那么采购的时候，我们需要根据自己的实际工作需求和功能上的要求来进行采购。想要采购到符合自己的需求且环保、健康、绿色的办公家具，可以使用中医"望闻问切"的方式。

一、"望"

何为采购办公家具的"望"？即从外观观察，其一是观察外观是否符合我们的挑选范围，其二是观察办公功能是否符合我们的需求，其三是观察是否满足我们对简约、环保办公家具的要求。

二、"闻"

在"望"完成之后，还不足以辨别家具的好坏，这时就需要"闻"。首先直接用手扇动家具周围的空气看看是否有刺鼻性气味，如果有就属于不合格的家具，如果没有这类情况，就再用鼻子贴近板材去闻，如果有淡淡的刺激性气味，则属于符合国家标准，但是没达到优质板材要求；如果没有味道，则属于优质板材。

三、"问"

前两步没问题，那说明这个办公家具基本上属于一个简约、环保的好家具，可是好不代表其价位合理，要多问，再依据前面两步调查判断他是否撒谎，多问就能了解得更全面，就不会被某些无良商家欺骗。

四、"切"

我们可以直观地去感受，摇晃和敲击办公家具检验其牢固程度，并检验其是否中心存在隔空。

（选自宜洋家具官网，2021，有删改）

资料来源：https://www.51yyjj.com/Article/yzywwwqdfs_1.html[2024-05-16].

1.2　办公室安全

1.2.1　情景导入

2005年12月，深圳市某公司总经理在自己办公室里踩办公椅取东西时，因椅轮滑动，不慎摔下，造成骨折，先后在深圳市南山区人民医院、深圳市平乐骨伤科医院手术治疗，但术后右上臂肌肉仍存在萎缩，右前臂弯曲仍然受限。

（选自法律快车网，2019，有删改）

资料来源：https://baoxian.lawtime.cn/bxfanli/20110902107987.html[2024-05-16].

2015年7月7日，郑州海关办公楼三楼一办公室发生火灾，幸无人员伤亡，过火面积约40平方米，着火物质为办公桌、沙发、床等物品。火灾原因为电源插座短路。

（选自搜狐网，2015，有删改）

资料来源：https://www.sohu.com/a/22246311_115330[2024-05-16].

2018年12月31日清晨8:00,假期值班工作人员发现山西五岳建设公司会议中心发生火情,随即迅速启动应急预案,并拨打火警电话,由于会议中心闲置较久且地板及办公家具均为木质,火情发展较快,消防人员赶到后迅速展开扑救行动,于8:30扑灭全部火情。经核查,现场无人员伤亡,财产损失较小。经过初步排查,起火原因为线路老化导致短路。

(选自网易新闻网,2018,有删改)

资料来源:https://www.163.com/news/article/E4CHIJBG0001875P.html[2024-05-16].

1.2.2 情景描述

为了保证安全生产方针和目标的实现,保证安全标准化措施的有效实施,预防和减少事故的发生,确保员工生命和财产安全,某商业贸易公司办公会议讨论决定于周五进行安全检查,这件事照例交由行政部负责。

1.2.3 任务分析

在建设和维护良好的工作环境时,有许多方面是秘书完全有责任和有能力维护和改进的。无论是对工作场所的维护,还是对办公设备的操作,都要遵循"安全第一,预防为主"的方针,识别各种不安全因素,找出隐患,排除隐患,围绕党的二十大报告提出的完善国家应急管理体系,着力提高公共安全治理水平,共同维护和管理办公环境。

1.2.4 知识准备

对于"坐班族"来说,一天的大部分时间要在办公室度过,要做到每天"平平安安回家去",良好的安全意识和习惯至关重要。

安全生产专家组调查发现,对于一些办公场所发生的人身损伤和火灾、触电等意外事故,人们安全意识松懈、使用物品不当及防救设备不足是三个主要原因。一旦办公室里出现意外事故,轻则正常的工作被中断,重则伤及自身或同事,甚至引起惨痛的后果,因此,每一个人对办公室的安全都不应等闲视之。

1.2.5 任务实施

1. 识别安全隐患并填写"隐患记录及处理表"

对办公区域进行安全检查,秘书应首先确认安全检查范围,一般包括以下几点。
(1)工作区环境隐患。
工作区环境隐患主要有:门窗、天花板、地、墙的破损,办公室光线、空气、噪声等对人的影响,空间过小,地面打滑等。
(2)办公家具与设备隐患。
办公家具与设备隐患主要有:办公家具破损、有突出的棱角,办公家具摆放不当,办公家具中堆放东西太多、太高，办公家具不符合人体力学，办公设备过期使用，办公设备接线松开、绝缘不好或拖线太长，办公设备电荷过大，消防设施失灵等。

（3）工作人员行为习惯隐患。

办公室工作人员安全意识不强或行为习惯不良，也会带来一些安全隐患，主要有：站在转椅上举放物品，乱扔烟头，没有关上挡道的抽屉柜门，离开办公室不锁门，下班回家不关电源等。

（4）办公室物品堆放隐患。

办公室物品堆放隐患主要有：重的或大的物品放在位置较高的地方，物品挡住消防通道，易燃物品放在电器旁边，大量废纸堆放在办公室内。

检查过程中，发现隐患须填写"隐患记录及处理表"（具体见表1-2）。若隐患是秘书职权范围内的，则应立即解决或排除；若秘书无法解决或排除，则应立即报告给主管领导，请求处理。

表1-2 隐患记录及处理表

隐患类别	隐患点名称	隐患内容	整改措施	开始时间	完成时间	负责人
工作区环境隐患						
办公家具与设备隐患						
工作人员行为习惯隐患						
办公室物品堆放隐患						

2. 填写"设备故障登记表"

按照设备安全操作规程操作设备，发现设备故障时，应准确、清晰地向主管领导报告，并填写"设备故障登记表"（具体见表1-3）。秘书需要注意区分"隐患记录及处理表"和"设备故障登记表"，前者记录的是隐患；后者记录的是办公设备运行中出现的故障。以计算机为例，如果是计算机屏幕被强光照射，容易对眼睛造成危害，就应填写"隐患记录及处理表"；若是计算机硬件无法使用，就应填写"设备故障登记表"。

表 1-3　设备故障登记表

设备名称				设备编号	
安装地点		故障时间		处理人	
故障现象					
故障原因					
处理结果					
备注					

3. 跟踪落实

秘书是安全隐患排查整治工作的责任主体，不论是隐患还是故障，秘书都要负责跟踪落实，要监督、检查处理情况，并将结果填入对应的处理表中。

知识链接："8S"管理

20世纪80年代末，"日本制造"的产品遍布世界，导致许多经济学家及管理学家都问：他们怎么啦？并对此进行了深入的调查与研究。

结果发现，这其中的因素很多，有因缘际会的机遇因素，但更重要的是日本人不断追求效率、追求质量、追求完美，并为之不断深入研究的行为因素。大家知道，日本是个典型资源缺乏的国家，其资源对外依赖性特别强，这就决定了其必须节能降耗、提高资源利用率，利用引进的资源制造高质量、低消耗的产品，并以此占领市场份额，争取更多的利润，保持自身的发展空间。

在发展过程中，日本的企业管理呈现了两个管理特色——循序渐进和全员参与。"8S"管理应运而生。

"8S"就是整理（Seiri）、整顿（Seiton）、清扫（Seiso）、清洁（Seiketsu）、素养（Shitsuke）、安全（Safety）、节约（Save）、学习（Study）八个项目，因其均以"S"开头，故简称为"8S"。

（1）1S——整理。

定义：区分要用和不要用的，不要用的清除掉。

目的：把"空间"腾出来活用。

（2）2S——整顿。

定义：要用的东西依规定定位、定量摆放整齐，明确标示。

目的：不用浪费时间找东西。

（3）3S——清扫。

定义：清除工作场所内的"脏污"，并防止污染的发生。

目的：消除"脏污"，保持工作场所干干净净、明明亮亮。

（4）4S——清洁。

定义：将上面整理、整顿、清扫的做法制度化、规范化，并维持成果。

目的：通过制度化、规范化来维持成果，并显现"异常"之所在。

（5）5S——素养。

定义：人人依规定行事，从心态上养成好习惯。

目的：使员工养成工作讲究认真的习惯。

（6）6S——安全。

定义：

① 管理上制定正确的作业流程，配置适当的工作人员监督；

② 对不合安全规定的因素及时举报消除；

③ 加强对作业人员安全意识的教育；

④ 签订安全责任书。

目的：预知危险，防患于未然。

（7）7S——节约。

定义：减少企业对人力、空间、时间、库存、物料等因素的消耗。

目的：养成降低成本习惯，加强对作业人员"减少浪费"意识的教育。

（8）8S——学习。

定义：使员工深入学习各项专业技术知识，从实践和书本中获取知识，同时不断地向同事及上级主管学习，从而达到完善自我、提升自己综合素质之目的。

目的：使企业得到持续改善、培养学习型组织。

"8S"管理的目的，是使企业在现场管理的基础上，通过创建学习型组织不断完善企业文化，消除安全隐患、节约成本和时间。使企业在激烈的竞争中，永远立于不败之地。

（选自物流报网，2019，有删减）

资料来源：https://www.56tim.com/archives/111278[2024-05-17].

1.2.6　课后任务布置

（1）"8S"管理在办公环境中如何运用？

（2）以小组为单位检查学校教学楼、实训楼和宿舍、食堂等处是否存在安全隐患。如有，请记录下来并向相关部门汇报。

（3）请扫码完成试题。

办公室安全知识试题

本节思维导图如图1-6所示。

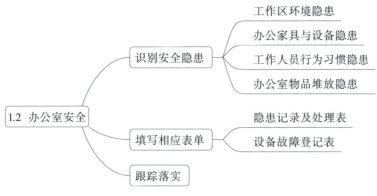

图 1-6　办公室安全思维导图

第二章

办公用品管理

知识目标

熟悉办公用品管理要求。

能力目标

学会制订必要的采购计划和树立理财意识。

2.1 采购、保管办公用品

2.1.1 情景导入

西门子是如何对全球 12 万家供应商进行分类管理的？

西门子在全球范围内拥有分属于大约 2500 名采购人员的 12 万家供应商，并且在 256 个采购部门中拥有大约 1500 名一线的采购人员。其中约 2 万家供应商被指定为第一选择，他们的数据被存储到了西门子内部的电子信息系统中。

一、供应商分类

西门子依据以下两个方面对这些供应商进行了分类。

1. 供应风险

这是按照供应商的部件的技术复杂性和实用性来衡量西门子对该供应商的依赖程度的性能标准。它要求询问："如果这家供应商不能够达到性能标准，那对西门子意味着什么？"对一个特定的供应商的供应风险的衡量标准包括的因素有：

（1）供应商部件有多大程度的非标准性；

（2）如果更换供应商，需要花费哪些成本；

（3）如果自行生产该部件，困难程度有多大；

（4）该部件的供应源的缺乏程度有多大。

2. 采购支出

影响西门子与供应商关系的底线的衡量标准是与该供应商相关的采购支出的多少。

二、供应商评估矩阵

根据供应风险和采购支出的标准可以建立一个带有四种产品可能的供应商分类的评估矩阵。

（1）高科技含量的高价值产品，如电力供应、中央处理器（CPU）的冷却器、定制的用户门阵列（门阵列是一种封装在一个芯片里的许多逻辑门的几何结构，制造时可以在内部把门相互连接起来去执行一种复杂的操作，因而可以作为标准产品使用。一种经编程后可以实现某种特殊目的的门阵列通常称为用户门阵列）。

（2）用量大的标准化产品，如印刷电路板、集成电路存储器、稀有金属、镀锌的锡片。

（3）高技术含量的低价值产品，如需要加工的零件、继电器、变压器。

（4）低价值的标准化产品，如金属、化学制品、塑料制品、电阻器、电容器。

西门子与供应商的关系的性质和密切程度由产品分类来决定。

显然，任何一个有望成为西门子供应商的公司都必须认真地考虑西门子会如何对其产品进行归类。对于一个供应商而言，西门子公告的采购政策在维持双方关系的可能性方面具有相当大的暗示。

（选自搜狐网，2018，有删改）

资料来源：https://www.sohu.com/a/279477811_100295127[2024-05-17].

2.1.2　情景描述

姚某入职后被安排负责办公用品的采购、保管和分发。这天部门经理交给她一份采购清单，让她在本周之内备齐清单上的物品并负责保管，还特意嘱咐她查看一下库存的办公用品是否需要补充一些。第一次接到这样的工作，姚某不知道去哪儿采购，采购多少，如何采购，以及如何保管。

2.1.3　任务分析

党的二十大报告提出："在全社会弘扬劳动精神、奋斗精神、奉献精神、创造精神、勤俭节约精神，培育时代新风新貌。"勤俭节约是中华民族的传统美德，因此，要把节约型社会落到实处，要进一步规范办公用品购置、领用工作的管理办法，从制度上对日常办公用品和低值易耗品的购置、审批和领用程序进行明确。机关、企业、事业单位等组织在管理过程中，除了需要对人、活动环境进行管理，还必须对在办公活动中所需要的各种办公用品进行良好的管理。这些办公用品是每一个单位日常工作的必需品，用量大，更换频繁，若不加强管理，很容易造成浪费，还会影响工作质量与效率。

2.1.4　知识准备

办公用品采购是办公用品管理环节的第一步，一个机关、企业、事业单位需要哪些办公用品、如何取得这些办公用品，都是通过这个环节得来的。所以，做好办公用品的采购工作很重要，它关系到后续的保管与分发环节。一般而言，采购工作需要根据单位库存及消耗情况，按照采购计划、对照采购标准进行采购，做到既能够保障工作所需又不会占用过多资金与库房空间。

办公用品的采购和保管程序一般有制订采购计划、选择供应商、选购办公用品、验收入库等。要做好办公用品的采购和保管工作，需要：

（1）了解常见办公用品的种类；
（2）遵循办公用品采购流程；
（3）有效地进行库存控制；
（4）安全保管办公用品。

2.1.5　任务实施

1. 制订采购计划

办公用品种类繁多，在采购前，要摸清库存的办公用品量，明确哪些是急需的，哪些是可以暂缓购买的。应根据库存办公用品的稀缺情况，来制订采购计划，也可以让办公用品管理员协助制订采购计划。另外，因为各部门办公用品的需求不同，采购前也可以让各部门列出所需办公用品的清单，报给办公室，办公室负责采购的秘书将各部门的清单进行整理、汇总，制成本单位"办公用品需求清单"。再根据该清单以及库存情况编制"办公用品采购计划表"（具体见表2-1）。

表2-1　办公用品采购计划表　　　　　填表日期：　　年　月　日

办公用品名称	规格	使用目的	备注
领导意见		签字	

办公用品采购计划编制好后，要同步编制采购预算计划，并将采购计划与采购预算计划呈报上级主管领导和财务部门批准。

2.选择供应商

在上级主管领导和财务部门批准办公用品采购计划和采购预算计划后，负责采购的主管人员就要开始选择供应商了。如果购买的是大宗办公用品，要首先向各大供应商发出购买要求，供应商在接到购买要求后，会提供对应的报价单或估价单。这时，采购人员需要对各家供应商的报价单或者估价单进行比较筛选，一般可以从货品价格、货品质量、交货时间、售后服务和服务位置、安全可靠性这几方面进行对比，必要时还可去办公用品供应地考察实物。如果是普通小办公用品，也可直接去办公用品供应地进行考察选择。选择时，要本着物美价廉的原则，尽量节约经费支出。

确定符合购买要求和价位合理的供应商后，要填写正式的"办公用品申购单"（具体见表2-2）并签字确认；将填好的"办公用品申购单"交上级主管领导签字批准，并复印一份交财务部门，以方便准备购买资金。

表2-2　办公用品申购单

申购部门		申购人		申购日期		
序号	申购品名称	数量	单价	金额（元）	备注	
合　计						
领导审批							

3.选购办公用品

供应商确定后，就开始选购办公用品了。选购办公用品时，采购人员要严格按照事先制订的采购计划以及同供应商确定的购货内容、总费用、交货时间和售后服务等事宜选择办公用品。要注意在自己的职权或者授权范围内依照程序进行，选择那些性能合乎标准、坚固耐用的办公用品，购买时要形成完整的购买手续，特别是要保存好相关票据。

4. 验收入库

按采购计划要求的质量、数量、品种采购完毕后，采购人员要将发货单交给保管人员，由保管人员凭票清点入库。待采购的办公用品到达库房时，保管人员要办理验货手续，仔细对照发货单与实际物品，确保一一对应，还需造册登记。办公用品电子入库单及纸质入库单具体见图 2-1、图 2-2。

入库单

第 CK-06072 号

库房编号	4#				存放位置		E位	
入库类型	生产入库				入库日期		2006/8/13	
序号	入库单位	产品编码	产品名称	型号规格	单位	数量		合计
						合格品	次品	
1	1车间	20060877	活塞式电动浮球阀	G-317/10	台	50	0	50
2	2车间	20060854	限流止回阀	10Q-315W	台	99	1	100
3	3车间	20060863	丝扣Y型过滤器	10Q-308W	台	80	0	80
4	4车间	20060874	活塞式电磁控制阀	G-314/10	台	54	1	55
5								
6								
7								
8								
备注								
库管员					交接人			

图 2-1 办公用品电子入库单

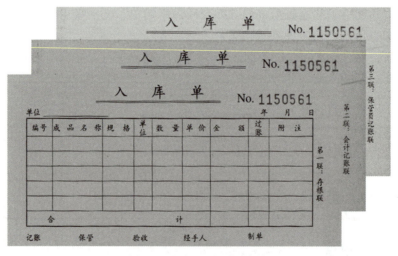

图 2-2 办公用品纸质入库单

保管人员在验明所收办公用品符合购买要求后，要将签收后的发货单送财务部门办理付款手续；如果在验货过程中，发现有不符合购买要求的，要及时提出，并与采购人员协商解决，以确保严格执行采购计划。

总之，在办公用品采购过程中，要严格执行财务制度，做到单据、账目和手续完整、清楚，采购物品合乎需求与规格，价格合理，及时保障供应。

2.1.6 课后任务布置

（1）常见的办公用品有哪些类别？

（2）如何选择供应商？

本节思维导图如图 2-3 所示。

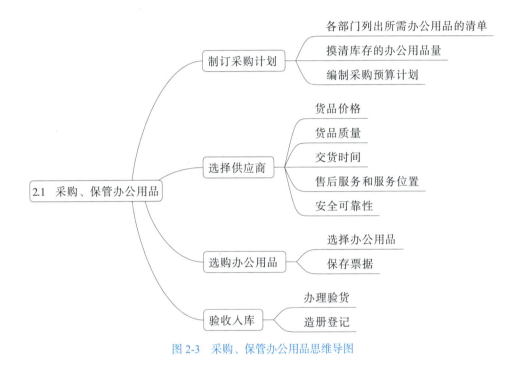

图 2-3 采购、保管办公用品思维导图

知识链接

扫码阅读《中华人民共和国政府采购法实施条例》。

2.2　发放办公用品

2.2.1　情景导入

企业办公用品库存管理现存的问题

1. 库存管理方式简单

有的企业仍采用比较老旧的库存管理方式,如手工记账方式,该方式工作量大、查询统计困难,容易出现人为失误,更难以对办公用品进行统计分析。有的企业虽然采用信息化管理系统,但流于形式,如采购人员和保管人员岗位未分离、标准化产品不能满足个性化需求、未处理系统相关警告(缺货、过量)、未定期盘点、过时的产品未进行报废处理等,导致办公用品库存管理不到位。

2. 出入库管理不严格

在实际工作中,经常存在保管人员因工作繁忙、过程复杂、事务紧急等原因,未及时办理或遗漏办理办公用品出入库手续的情况。这会导致期末盘点时账实不相符,如果对于不相符事项又未及时进行处理,则会导致库存账目混乱,未做到账目清楚、手续齐全,最终会造成库存管理执行不到位,库存管理流于形式。

资料来源:施雨芹,2022.加强国有企业办公用品精细化管理的对策分析[J].企业改革与管理(9):35-37.

2.2.2　情景描述

项目入场后,部门经理就将办公用品采购、保管、发放工作分配到办公室,新入职的姚某负责办公用品发放工作。有一位同事早上领了一支笔,下午又来领笔,问他就说"丢了"。第二天、第三天依然如此。还有几位同事,匆匆来到办公室领用办公用品,却不签字,姚某不知该如何处理。

2.2.3　任务分析

新人入职为企业融入了很多新鲜血液,注入了新的活力,但同时新入职的年轻人员对于企业的管理制度与管理理念认知还不够透彻,节约意识不强,加之对办公用品的日常耗用缺乏关注,使用较随意,容易使现有的办公用品浪费现象较为严重,这就需要加强办公用品精细化管理。

2.2.4 知识准备

作为办公室人员,经常要做的一件事务性工作就是发放办公用品,以保证办公室工作的正常进行。发放办公用品应注意以下几点。

1. 制定使用规则

制定清晰的使用规则,可以帮助员工理解如何正确使用办公用品。企业可以通过发布使用指南或制定相关政策以确定使用规则,如文具应该妥善保管,相应的器皿使用后应该归还,应避免过度或不必要的印刷和使用。

2. 建立审批制度

建立严格的审批制度,并引导员工切实遵守制度,可以减少误用和滥用。企业可以设计一个相应的审批流程,确定审批人、审批时间和资格要求,以确保对领用申请的审批具有合法性和规范性。

3. 保证重点,兼顾一般

对于组织内部的一些重要部门和办公用品消耗量大的部门,在条件允许的情况下,要首先满足它们的需要,要使各部门优质、高效地完成自身的任务。

4. 监督和检查办公用品的使用情况

监督和检查办公用品的使用情况意味着企业需要定期审查使用记录以确认是否存在误用或滥用。通过引入有关数据分析,企业可以了解某些办公用品可能被误用或滥用的趋势,进而采取相应的管理策略。

2.2.5 任务实施

1. 职责划分

(1)办公室。主要负责制定使用规则,建立审批制度,对库存进行账实盘点,汇总审核部门使用需求,办公用品验收入库及登记发放。

(2)使用部门。负责按使用规则和实际情况及时提交使用需求申请。行政部门负责办公用品的申请及使用管理。

2. 办公用品的领用

(1)各部门以及个人领用一般办公用品需填写"办公用品领取申请表"(具体见表2-3),办公用品领取申请表包括下列内容:申请部门、办公用品名称、申请数量、实领数量、用途、备注、申请时间,以及申请人、申请部门主管、授权批准人的签字等。应遵循谁用谁领、用多少领多少、专领专用的原则。对于明显超出常规的申请,申请人应做出解释,否则办公室有权拒付。

表 2-3　办公用品领取申请表

年　月　日

申请部门				
办公用品名称	申请数量	实领数量	用途	备注
申请人		申请时间		
申请部门主管		授权批准人		

使用注意事项:
1. 申请人认真填写此表格信息,且在部门主管批准签字后方可领取(若部门主管不在,可电话告知);
2. 申请的办公用品只能用于部门业务,不能私下自己使用。

（2）认真清点,核实发放。提出了领用申请的部门或个人在领用办公用品时,需填写"办公用品领用登记表"（具体见表 2-4）。

表 2-4　办公用品领用登记表

序号	办公用品名称	单位	数量	使用部门	领用人	领用时间
1						
2						
3						
4						
5						
6						
7						
8						
9						
10						

3. 办公用品库存控制

对于办公用品进行合理的库存控制,将有利于优化办公资源,节约办公的人力、物力、财力等各种成本。

1）办公用品库存控制的概念和作用

办公用品库存是指各类组织为了保证办公活动的顺利进行,对于常用的办公用品都会采购一定数量并存储起来，以满足日常办公的需要。办公用品库存控制即对办公用品的库存进行管理。

办公用品库存控制的根本目的，是要保证在需要的时间、需要的地点、提供需要数量的办公用品。同时，办公用品库存控制还能起到以下作用。

（1）防止出现缺货的情况，提高服务水平，保证日常办公活动顺利进行。

（2）科学合理的办公用品库存控制能够节省开支、降低成本。

（3）保证辅助决策过程、事务支持服务过程的顺利进行。

建立一个良好的办公用品库存管理系统，具有很多的好处，它能够做到以下几点。

（1）精确库存数量并防止被盗。

（2）确保所需办公用品的充分供应。

（3）将库存办公用品所占的空间减到最小。

（4）避免办公用品被破坏或者因过期而作废。

2）办公用品库存控制的相关概念

（1）最大库存量。

最大库存量是为防止办公用品超量存储而设置的该项办公用品的最大库存数量，库存办公用品的数量在任何时候都不能超过最大库存量。它能使资金不被过多地浪费在库存办公用品上，能节约宝贵的库存空间，并使库存办公用品及时得到利用，不会因为长期存储而过期作废。

（2）最小库存量。

最小库存量是为防止办公用品全部消耗完而设置的该项办公用品的最小库存数量。设置最小库存量能够保证采购人员在所有办公用品用完之前有充分的时间补充库存量。要有一个重新订购线，以提醒采购人员重新订购。

（3）重新订购线。

这是提醒采购人员库存需要重新订购的标准，它由日用量、办公用品发放时间、最小库存量决定，公式如下所示。

$$重新订购线 = 日用量 \times 办公用品发放时间 + 最小库存量$$

例如：每天要用去 A4 纸张半令（1 令 = 500 张），办公用品发放时间是 20 天，最小库存量是 10 令。因此，重新订购线 =1/2×20+10 = 20 令。

（4）库存成本。

办公用品的库存成本包括：办公用品成本，即购买办公用品所发生的费用；订货成本，又称采购成本，用于对外订货，指每次订货或采购所发生的全部费用；库存保管成本，又称储存成本，指储存、保管库存办公用品所发生的费用；缺货成本，指在使用办公用品过程中因库存不足出现缺货所造成的各项损失。

3）库存保管中应该采取的措施

（1）储藏间或物品柜要上锁，保证安全，避免办公用品丢失。储藏需要的面积取决于组织规模的大小。

（2）各类办公用品要清楚地贴上标签，标明类别和存放地点，以便能够迅速地找到所需办公用品。

（3）新办公用品放置在旧办公用品的下面或者后面，先来的办公用品先发放出去，这是为了保证办公用品不会因为过期而不得不销毁。

（4）体积大、分量重的办公用品应该放置在下面，以降低从架子上取办公用品时发生事故的风险。

（5）小的办公用品、常用的办公用品，如订书钉盒等，应该放在较大办公用品的前面，以便于需要取用的时候能够很快地发放领取。

（6）储藏间要通风良好，房间应该保持干燥。

（7）储藏办公用品的房间应该有良好的照明条件，以便于找到办公用品。

（8）办公用品的保管、储存要符合本组织的规定要求。

秘书要对办公用品定期检查，以免造成公用财产的流失与浪费；要提醒使用部门和人员注意对办公用品节约利用；应对组织内部人员加强厉行节约的教育，杜绝随意浪费等不良倾向。通过建立和执行透明、规范的办公用品发放制度，组织可以保证办公用品得以高效使用，并减少浪费和降低成本，有效地提高效率和改善成本管理的状况。

2.2.6 课后任务布置

（1）什么是最大库存量、最小库存量和重新订购线？

（2）如何进行库存保管？

本节思维导图如图2-4所示。

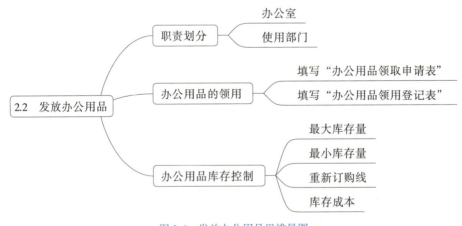

图2-4 发放办公用品思维导图

知识拓展

单位有严格的办公用品发放制度，但同事反映流程复杂、办事慢。你作为行政管理部门的工作人员，该怎么办？

【参考解析】

行政管理部门工作的核心是"效率"，有效率才能够在最大程度上为单位其他部门做好工作支撑，但是有同事反映流程复杂、办事慢，作为行政管理部门的工作人员，我必须认真对待。

首先，我会找到这几位同事，耐心地倾听他们的意见，看到底是哪个环节出了问题，同时我也会制作一个办公用品发放制度的调查表，在单位OA系统上发给各位同事，让同事们也提提意见，看看大家是否有类似"流程复杂、办事慢"的问题。

其次，经过调查后，如果发现是由于个别同事对我们办公用品发放制度不是很了解而引起的一些问题，我就会耐心地跟这几位同事解释，并且把该制度再给同事们培训一下，让他们了解到，我们这样做的目的是确保办公用品不会被滥用和私用，避免办公用品的浪费。

当然，如果经过调查发现，大部分同事都反映我们的办公用品发放制度存在问题，我就会把大家的意见和建议收集起来，及时跟我的上级领导反映，听听领导有什么比较好的建议能够更好地改进办公用品发放制度，方便我们工作的开展。

最后，经过与领导商量，结合同事的建议，改进办公用品发放制度，从而使得办公用品发放制度更加优化完善，也能够让同事们能够及时领取办公用品，不会妨碍工作，使得工作更好地开展。

（选自华图教育网，2019）

资料来源：https://he.huatu.com/2019/0111/850771.html[2024-05-17].

第三章

办公室备用金管理

知识目标

1. 了解和掌握备用金的概念;
2. 熟悉备用金的用途;
3. 熟悉费用报销的程序。

能力目标

1. 能管理并科学利用办公室备用金;
2. 能制定备用金管理制度;
3. 在工作中能根据所学进行费用报销。

3.1 备用金概述

3.1.1 情景导入

职工申请备用金为何高达 60 多万元？

2020 年 5 月，大足区委第二巡察组在查阅被巡察单位龙水湖旅游度假区发展中心下属实业公司的财务凭证时，2019 年度的最后一张备用金记账凭证引起了工作人员的注意。

记账凭证显示，2016 年至 2019 年年底，该公司 19 名职工先后多次向公司申请备用金 61.57 万元，其中单人申请备用金 13 万余元，且所有备用金均未注明具体用途。

按规定，备用金是单位拨付给工作人员作为零星开支的备用款项，一般按估计需用数额领取，支用后按规定手续报销，不得转借给他人或挪作他用。公司财会部门必须对备用金建立定期与不定期相结合的清查盘点制度，保证备用金的安全完整。

"职工申请备用金高达 60 多万元，公司财务管理是否存在潜在的廉政风险？"巡察组工作人员立即向组长汇报此事，巡察组召开组务会分析研判了该公司职工个人借款问题。

巡察组找到公司的财务主管和分管领导进一步了解情况。

"这些备用金，主要用于招商引资和征地拆迁协调工作，没有详细备注具体用途，可能是管理上的疏忽……"公司分管领导连忙解释。

"支用备用金后，应根据各种费用凭证编制费用明细表，定期向财务报销。你们公司的备用金不仅未备注用途，还存在未及时开具发票冲抵、结算等诸多问题。"巡察组直接指出问题。

此后，巡察组对这 19 名职工的备用金使用情况逐一进行核实了解，未发现挪用资金等问题线索。但巡察组坚持边巡边改的原则，第一时间将财务管理不规范等问题反馈给度假区主要负责人，督促该单位进一步健全财务管理制度，严格规范审批报销程序，限时完成问题整改。

不到一周时间，该公司对超过 11 万元已开具发票的备用金进行了冲抵，相关职工对 9 万余元尚未开具发票的备用金进行了书面说明和备案；其余无票据冲抵的款项，已全额归还到位。龙水湖旅游度假区第一时间组织干部职工学习了相关财务管理制度，开展整改。

（选自中共陕西省纪律检查委员会、陕西省监察委员会官网，2021）
资料来源：https://www.qinfeng.gov.cn/info/1874/167547.htm[2024-05-17].

3.1.2 情景描述

公司行政部文员林某正在办公室工作，前台文员方某进来说，6月25日接待客户买了200元的水果，需要找林某报销。方某刚走，助理杨某进来说总经理7月1日—7月3日去广州出差，需要预借5000元用于差旅开销，需要找林某预借。

3.1.3 任务分析

备用金的管理是日常事务管理的重要组成部分，上述职场情景中林某要完成该项工作，应该认真思考的问题有三个：第一，两笔钱将从哪里支出；第二，方某和杨某这两笔费用支出所填写的材料和记账方式是否一样；第三，方某和杨某这两笔费用支出应怎样填写材料，才能做到公司资金有效管理。

3.1.4 知识准备

1. 备用金的概念

备用金是企业、机关、事业单位或其他经济组织等拨付给非独立核算的内部单位或工作人员备作差旅费、零星采购、零星开支等用的款项。

2. 备用金的管理制度

备用金应指定专人负责管理，按照规定用途使用，不得转借给他人或挪作他用。

对于预支备作差旅费、零星采购等用的备用金，一般按估计用数额领取，最后一次报销，多退少补。前账未清，不得继续预支。

对于零星开支用的备用金，管理的制度有两种。

一是实行定额备用金制度。即由指定的备用金负责人按照规定的数额领取，最后按规定手续报销，补足原定额。实行定额备用金制度的单位，备用金领用部门支用备用金后，应根据各种费用凭证编制费用明细表，定期向财务部门报销，领回所支用的备用金。对于预支的备用金，拨付时可记入"备用金"（或"其他应收款"）科目的借方，报销和收回余款时记入该科目的贷方。在实行定额备用金制度的单位，拨付、增加或减少备用金定额时通过"备用金"科目核算，而日常支用报销补足定额都无须通过该科目，而是将支用数直接记入有关成本类科目、费用类科目。

二是实行非定额备用金制度。即用款部门根据实际需要向财务部门领款的管理办法。凭有关支出凭证向财务部门报销，应作为减少备用金处理，直到用完为止。如需补充备用金，再另行办理拨款和领款手续。对用于收购农副产品的备用金，在旺季集中收购时一般采用非定额备用金制度，在淡季零星收购时则采用定额备用金制度，实行交货补款。

3. 备用金的用途

备用金主要用于小额零星报销费用支出，其使用范围为：除工资统发项目外国家规定的对个人的其他支出；出差人员必须随身携带的差旅费；其他确需支付现金的支出等。

4. 备用金的管理

各行各业的单位在进行备用金领取时应按照国务院发布的《现金管理暂行条例》（具体见本节"知识拓展"）进行管理，单位工作中发生的所有经济往来，除规定范围可使用现金外，其他应当通过银行进行转账结算。备用金的管理包括两个方面：一是借支管理；二是保管管理。

1）借支管理

（1）各部门填制"备用金借款单"（具体见图3-1），该单据一式两联，上联由备用金保管部门留存，便于管理其核定零星开支；下联由支取备用金的部门留存，凭此单据支取现金。借款人按规定的格式内容填写备用金借款单，并按流程办理签字手续。财务人员审核签字后的备用金借款单各项内容是否正确和完整，经审核无误后才能办理付款手续。

备用金借款单

上联

借款部门		借款人		还款期限	
款项类别	□现金		□支票，支票号码：		
借款用途及理由					
借款金额		大写：		小写：	
还款方式					
部门审批		会计核准		财务经理审批	董事长审批

备注：1.借款金额参照规定额度； 2.逾期不还，公司有权从工资中扣除。

备用金借款单

下联

借款部门		借款人		还款期限	
款项类别	□现金		□支票，支票号码：		
借款用途及理由					
借款金额		大写：		小写：	
还款方式					
部门审批		会计核准		财务经理审批	董事长审批

备注：1.借款金额参照规定额度；2.逾期不还，公司有权从工资中扣除。

图3-1　备用金借款单

（2）各部门零星备用金一般不得超过规定数额（具体见各单位备用金管理制度相关规定），若遇特殊需要应由部门经理核准。

（3）各部门零星备用金借支应将取得的正式发票定期送到财务部门备用金管理人员（出纳人员）手中，冲转借支款或补充备用金。

2）保管管理

（1）备用金收支应设置"备用金"账户，并编制"备用金收支报表"。备用金收支报表具体如表 3-1 所示。

表 3-1 备用金收支报表

序号	日期	结存金额	收入	支出	经手人	备注

（2）应定期根据取得的发票编制"备用金支出明细表"，及时反映备用金支出情况。备用金支出明细表具体如表 3-2 所示。

表 3-2 备用金支出明细表

序号	日期	贷方	借方	支出详情

（3）备用金账户应做到逐月结清。

（4）出纳人员应妥善保管与备用金相关的各种票据。

不论采用何种办法，备用金的管理都应严格执行备用金的预借、使用和报销的手续制度。

3.1.5　任务实施

1. 审核发票内容

方某的这笔接待费在进行报销时一定要审核其是否有正式发票，发票的项目是否与报销名目对应，并按以下步骤进行发票核对。

第一，查验发票真伪，登录"国家税务总局全国增值税发票查验平台"（https://inv-veri.chinatax.gov.cn/）查验。

第二，发票要填写完整，字迹清晰，没有涂改、污染，发票专用章清晰可辨。

第三，必须附有加盖发票专用章的购货清单或小票。

第四，发票必须是发票联或报销联，用复写纸复写或计算机打印，不得用圆珠笔或铅笔填写，存根联、发货联、记账联不能作为报销单据。

第五，内容要齐全，抬头、日期、品名、单价、数量、金额等项目要填写齐全，字迹要清楚，金额要准确，大小写要一致，严禁涂改等。

2. 确定支出方式

备用金主要用于小额零星报销费用支出，方某和杨某的两笔费用，一份属于零星采购，一份属于差旅费，因此可以从公司备用金中进行支出，明确相关支出范围后，要熟悉公司备用金支出的相关流程，认真填写好相关表格，并严格执行审批程序。

3. 填写备用金借款单

杨某的借款属于预支差旅借款，应该填写备用金借款单。该单据一式两联，上联由备用金保管部门留存，便于管理核定其零星开支；下联由支取备用金的部门留存，凭此单据支取现金。因此在工作过程中，杨某要按规定的格式填写备用金借款单，并按流程办理签字手续，财务人员需审核备用金借款单各项内容是否正确和完整，经审核无误签字后才能办理付款手续。

3.1.6 课后任务布置

（1）请分析定额备用金制度和非定额备用金制度的不同。
（2）请为杨某填写预支备用金的备用金借款单。
（3）请为林某填写 6 月 25 日备用金收支报表。

本节思维导图如图 3-2 所示。

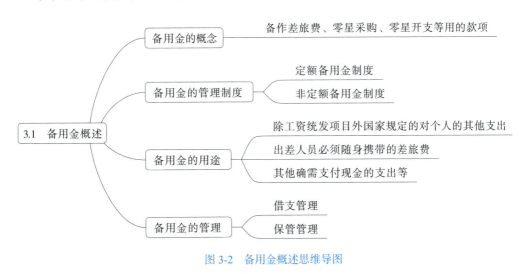

图 3-2 备用金概述思维导图

知识拓展

现金管理暂行条例

（1988 年 9 月 8 日中华人民共和国国务院令第 12 号发布 根据 2011 年 1 月 8 日《国务院关于废止和修改部分行政法规的决定》修订）

第一章　总　　则

第一条　为改善现金管理，促进商品生产和流通，加强对社会经济活动的监督，制定本条例。

第二条　凡在银行和其他金融机构（以下简称开户银行）开立账户的机关、团体、部队、企业、事业单位和其他单位（以下简称开户单位），必须依照本条例的规定收支和使用现金，接受开户银行的监督。

国家鼓励开户单位和个人在经济活动中，采取转账方式进行结算，减少使用现金。

第三条　开户单位之间的经济往来，除按本条例规定的范围可以使用现金外，应当通过开户银行进行转账结算。

第四条　各级人民银行应当严格履行金融主管机关的职责，负责对开户银行的现金管理进行监督和稽核。

开户银行依照本条例和中国人民银行的规定，负责现金管理的具体实施，对开户单位收支、使用现金进行监督管理。

第二章　现金管理和监督

第五条　开户单位可以在下列范围内使用现金：

（一）职工工资、津贴；

（二）个人劳务报酬；

（三）根据国家规定颁发给个人的科学技术、文化艺术、体育等各种奖金；

（四）各种劳保、福利费用以及国家规定的对个人的其他支出；

（五）向个人收购农副产品和其他物资的价款；

（六）出差人员必须随身携带的差旅费；

（七）结算起点以下的零星支出；

（八）中国人民银行确定需要支付现金的其他支出。

前款结算起点定为1000元。结算起点的调整，由中国人民银行确定，报国务院备案。

第六条　除本条例第五条第（五）、（六）项外，开户单位支付给个人的款项，超过使用现金限额的部分，应当以支票或者银行本票支付；确需全额支付现金的，经开户银行审核后，予以支付现金。

前款使用现金限额，按本条例第五条第二款的规定执行。

第七条　转账结算凭证在经济往来中，具有同现金相同的支付能力。

开户单位在销售活动中，不得对现金结算给予比转账结算优惠待遇；不得拒收支票、银行汇票和银行本票。

第八条　机关、团体、部队、全民所有制和集体所有制企业事业单位购置国家规定的专项控制商品，必须采取转账结算方式，不得使用现金。

第九条　开户银行应当根据实际需要，核定开户单位3天至5天的日常零星开支所需的库存现金限额。

边远地区和交通不便地区的开户单位的库存现金限额，可以多于5天，但不得超过15天的日常零星开支。

第十条　经核定的库存现金限额，开户单位必须严格遵守。需要增加或者减少库存现金限额的，应当向开户银行提出申请，由开户银行核定。

第十一条 开户单位现金收支应当依照下列规定办理：

（一）开户单位现金收入应当于当日送存开户银行。当日送存确有困难的，由开户银行确定送存时间；

（二）开户单位支付现金，可以从本单位库存现金限额中支付或者从开户银行提取，不得从本单位的现金收入中直接支付（即坐支）。因特殊情况需要坐支现金的，应当事先报经开户银行审查批准，由开户银行核定坐支范围和限额。坐支单位应当定期向开户银行报送坐支金额和使用情况；

（三）开户单位根据本条例第五条和第六条的规定，从开户银行提取现金，应当写明用途，由本单位财会部门负责人签字盖章，经开户银行审核后，予以支付现金；

（四）因采购地点不固定，交通不便，生产或者市场急需，抢险救灾以及其他特殊情况必须使用现金的，开户单位应当向开户银行提出申请，由本单位财会部门负责人签字盖章，经开户银行审核后，予以支付现金。

第十二条 开户单位应当建立健全现金账目，逐笔记载现金支付。账目应当日清月结，账款相符。

第十三条 对个体工商户、农村承包经营户发放的贷款，应当以转账方式支付。对确需在集市使用现金购买物资的，经开户银行审核后，可以在贷款金额内支付现金。

第十四条 在开户银行开户的个体工商户、农村承包经营户异地采购所需货款，应当通过银行汇兑方式支付。因采购地点不固定，交通不便必须携带现金的，由开户银行根据实际需要，予以支付现金。

未在开户银行开户的个体工商户、农村承包经营户异地采购所需货款，可以通过银行汇兑方式支付。凡加盖"现金"字样的结算凭证，汇入银行必须保证支付现金。

第十五条 具备条件的银行应当接受开户单位的委托，开展代发工资、转存储蓄业务。

第十六条 为保证开户单位的现金收入及时送存银行，开户银行必须按照规定做好现金收款工作，不得随意缩短收款时间。大中城市和商业比较集中的地区，应当建立非营业时间收款制度。

第十七条 开户银行应当加强柜台审查，定期和不定期地对开户单位现金收支情况进行检查，并按规定向当地人民银行报告现金管理情况。

第十八条 一个单位在几家银行开户的，由一家开户银行负责现金管理工作，核定开户单位库存现金限额。

各金融机构的现金管理分工，由中国人民银行确定。有关现金管理分工的争议，由当地人民银行协调、裁决。

第十九条 开户银行应当建立健全现金管理制度，配备专职人员，改进工作作风，改善服务设施。现金管理工作所需经费应当在开户银行业务费中解决。

第三章 法律责任

第二十条 开户单位有下列情形之一的，开户银行应当依照中国人民银行的规定，责令其停止违法活动，并可根据情节轻重处以罚款：

（一）超出规定范围、限额使用现金的；

（二）超出核定的库存现金限额留存现金的。（2011年1月8日删除）

第二十一条　开户单位有下列情形之一的，开户银行应当依照中国人民银行的规定，予以警告或者罚款；情节严重的，可在一定期限内停止对该单位的贷款或者停止对该单位的现金支付：

（一）对现金结算给予比转账结算优惠待遇的；

（二）拒收支票、银行汇票和银行本票的；

（三）违反本条例第八条规定，不采取转账结算方式购置国家规定的专项控制商品的；

（四）用不符合财务会计制度规定的凭证顶替库存现金的；

（五）用转账凭证套换现金的；

（六）编造用途套取现金的；

（七）互相借用现金的；

（八）利用账户替其他单位和个人套取现金的；

（九）将单位的现金收入按个人储蓄方式存入银行的；

（十）保留账外公款的；

（十一）未经批准坐支或者未按开户银行核定的坐支范围和限额坐支现金的。（2011年1月8日删除）

第二十二条　开户单位对开户银行作出的处罚决定不服的，必须首先按照处罚决定执行，然后可在10日内向开户银行的同级人民银行申请复议。同级人民银行应当在收到复议申请之日起30日内作出复议决定。开户单位对复议决定不服的，可以在收到复议决定之日起30日内向人民法院起诉。（2011年1月8日删除）

第二十三条　银行工作人员违反本条例规定，徇私舞弊、贪污受贿、玩忽职守纵容违法行为的，应当根据情节轻重，给予行政处分和经济处罚；构成犯罪的，由司法机关依法追究刑事责任。

第四章　附　则

第二十四条　本条例由中国人民银行负责解释；施行细则由中国人民银行制定。

第二十五条　本条例自1988年10月1日起施行。1977年11月28日发布的《国务院关于实行现金管理的决定》同时废止。

（选自国家法律法规数据库，2011）

资料来源：https://flk.npc.gov.cn/detail2.html?ZmY4MDgwODE2ZjNjYmIzYzAxNmY0MTRkOWZmMDIxMGM%3D [2024-05-17].

3.2　费用报销

3.2.1　情景导入

2016年5月29日至6月2日，乌达区原人防办工作人员王某到陕西宝鸡参加全区人防无线电台及报务员培训学习班。培训结束后，王某未按规定返回乌海，而是由宝鸡到西安，在西安游玩一天后，于6月4日返回乌海。在报销差旅费时，王某报销了交通补助费共计480元，违规多报销了交通补助费320元。2018年下半年，在全区开展规范差旅费报销和违规发放津补贴"回头看"清查工作期间，王某未按照要求将违规报销的交通补助费320元予以退回；2020年，七届乌海市委人防系统提级专项巡察期间，巡察组发现王某违规报销交通补助费后，王某仍未对违规报销的交通补助费进行清退，且存在借公务之机绕道旅游的问题。

王某身为党员，本应模范遵守党的纪律，但其违规报销交通补助费，借公务之机绕道旅游的行为，损害了党的形象，造成了不良的社会影响，应予严肃处理。依据《中国共产党纪律处分条例》，经乌达区纪委监委研究决定给予王某党内警告处分。

在全面从严治党、正风肃纪的高压态势下，违反中央八项规定精神及其实施细则问题、"四风"问题依旧屡禁不止，个别党员干部思想认识依旧不到位，纪律规矩意识淡薄，抱着侥幸心理，认为"小问题""小金额"便可以逃过纪委的检查，顶风违纪，侵蚀败坏党风。千里之堤溃于蚁穴，作为公职人员，每一个错误的行为都可能影响政府的形象，侵占的一分一厘都是对人民利益的损害，也势必会受到严肃处理。全体党员干部都应吸取教训，引以为戒。

（选自腾讯网，2020）

资料来源：https: //new.qq.com/omn/20201028/20201028A0I9WO00.html[2024–05–17].

3.2.2　情景描述

公司行政部文员林某正在办公室工作，助理杨某进来说总经理7月1日—7月3日去广州出差，现已回来，并带着5200元的发票找林某报销。

3.2.3　任务分析

费用报销工作是日常事务中的重要工作，完成该项工作需要费用报销的相关知识储备，要对公司的报销管理规定非常熟悉，对于特殊情况的处理也要非常娴熟。林某作为公司行政部文员，对费用报销的相关知识点进行学习后，不但要能自己做好各项报销工作，而且要能根据自己掌握的信息和知识指导相关人员进行费用报销，以帮助同事提升工作效率，提升行政部服务整个公司的能力。那么上述工作情景中林某该如何指导杨某进行报销工作呢？

3.2.4　知识准备

1. 费用报销概述

费用包括公司日常活动所产生的经济利益的总流出，主要指公司为取得营业收入进行产品销售等营业活动所发生的企业货币资金的流出。

费用报销以辅助公司和员工解决报销费用为目标，主要解决购买费用、出差费用、办公费用和综合费用分配管理等问题。费用报销是公司管理的一个组成部分，它是建立在财务法律法规的基础上，按照费用报销的原则，组织公司财务活动，处理财务关系的一项经济管理工作。规范费用报销对于严格控制费用开支，规范公司的管理具有重要作用。

费用报销基本流程如图 3-3 所示。

图 3-3　费用报销基本流程

2. 费用报销的原则

（1）要遵循"实事求是，准确无误"的原则，即费用报销有明确的发生原因、费用项目、发生时间、地点、金额及报销人、审批人。

（2）报销的费用项目、报销标准和报销审批程序符合公司制度的规定。

（3）报销人取得相应的报销单据，且报销单据上面有经办人、验收证明（复核）人。

（4）报销单据的填写及原始凭证的粘贴需符合会计工作基本规范的要求。

（5）应根据费用性质填写对应报销单据，严格按报销单据要求项目认真填写，注明附件张数，简述费用内容或事由，力求整洁美观，不得随意涂改。

（6）报销单据各项目应填写完整，大小写金额一致，并经部门领导有效批准。

（7）有实物的报销单据需列出实物明细表，并由验收人验收后在发票背面签名确认，低值易耗品等需入库的有实物的报销单据还应附入库单。

（8）出租车票据，需注明业务发生时间、起讫地点、人物事件等资料，每张出租车票据背面需有主管领导签字确认。

（9）招待费的报销单据需注明招待人员及人数，并附用餐费作为附件。

3. 费用报销的基本程序

报销人员必须依次履行以下基本程序。

（1）普通费用开支的基本报销程序如图 3-4 所示。

图 3-4 普通费用开支的基本报销程序

（2）有实物的报销单据的基本报销程序如图 3-5 所示。

图 3-5 有实物的报销单据的基本报销程序

（3）特殊费用开支的基本报销程序如图 3-6 所示。

图 3-6 特殊费用开支的基本报销程序

（4）总经理的费用由副总经理审批，没有设置副总经理岗位的由财务经理审批；财务经理的费用由主办会计审核。

4. 费用报销过程中的基本审核内容

（1）经办人审核内容如图 3-7 所示。

图 3-7 经办人审核内容

（2）部门负责人（或验收人、复核人）审核内容如图 3-8 所示。

图 3-8 部门负责人审核内容

(3)财务审核内容如图3-9所示。

图3-9　财务审核内容

(4)总经理审核内容如图3-10所示。

图3-10　总经理审核内容

5.费用报销基本要求

(1)审核审批次序一般按基本报销程序要求依次逐级办理。

(2)各级领导接到下属的各项开支请示报告,原则上必须以书面形式在3日内给予回复。

(3)各项已批复的请示报告都必须作为报销附件。

(4)报销人员原则上应在回单位3日内报销。

(5)报销单据应当使用黑色水笔或钢笔书写,不得使用铅笔、圆珠笔或红色的笔书写。

(6)除财务审核和总经理审核外,其他人员的签字全部在报销单据的背面书写。

(7)报销单据必须能够清晰地体现出发生项目的"用途",未能直接在报销单据内容上写清楚"用途"的,经办人必须在报销单据的背面详细写清楚。

6.费用报销中报销单据填写规范及注意事项

(1)所有经济业务均应提供正规合法报销单据;发票要填写完整,字迹清晰,没有涂改、污染,发票专用章应清晰可辨。假发票、空白发票和填写不规范的发票,不予报销。

(2)应使用黑色水笔或钢笔以规范汉字填写粘贴单,绝对不允许使用圆珠笔、铅笔或者红色的笔书写,并且绝对不得涂改,经办人、报账人、单据张数等信息应如实完整填写。

(3)不要将报销单据倒置粘贴,不要用订书机订报销单据。

(4)必须附有加盖发票专用章的购货清单或小票。发票上未列清详细品名、数量、单价的(比如只写了"办公用品一批 ×× 元"),无论金额大小,均必须附有加盖发票专用章的购货清单或小票。定额发票要用黑笔写上单位抬头,开具日期等信息,不得空白。

（5）原始粘贴单上相关数据填写规范如下所示。

① 阿拉伯数字要加上人民币符号，如：报账金额为 12345 元，则应在阿拉伯数字填写栏内填写 ¥12345.00。

② 大写汉字栏内应按规范汉字在已经印刷好的相应位数内填写数字的大写汉字，并在大写汉字前的每一空位上画"×"，在数字是 0 的位置填写汉字"零"。例如，报账金额为 ¥2034.50，则应在大写汉字栏内填写：× 拾 × 万贰仟零佰叁拾肆元伍角零分。

③ 数字的大写汉字标准写法为：壹、贰、叁、肆、伍、陆、柒、捌、玖、拾、佰、仟、万。

（6）对报销单据的要求如下所示。

① 发票必须是发票联或报销联，用复写纸复写或计算机打印，不得用圆珠笔或铅笔填写，存根联、发货联、记账联不能作为报销单据。

② 内容要齐全，抬头、日期、品名、单价、数量、金额等项目要填写齐全，字迹要清楚，金额要准确，大小写要一致，严禁涂改。

（7）不宜报销的单据如下所示。

① 内容填写不全，字迹不清或有明显涂改痕迹、伪造的单据一律不予报销。

② 无发票专用章的白条单据不予报销。

③ 数量、单价、金额不明确的单据不予报销。

④ 收据、虚假发票等单据不予报销。

⑤ 名称必须写全称，否则不予报销。

思考：下列发票（见图 3-11）是否可以报销？为什么？

图 3-11　发票示例

（8）报销单据粘贴规范。

在日常报销中，经常发现有一些报销单据粘贴不规范，例如：一张纸上粘贴的报销单据太多、太乱、正反颠倒、很不整齐，这些都给会计报销的后续工作（合计金额、稽核、装订、会计档案保管）等带来很多的不便，尤其是会耽误报销人的时间。

① 报销单据分类。将报销单据按照内容进行分类，如办公用品、电话费、差旅费、市内交通费等，再按照类别分别粘贴。

② 将报销单据整理分类后,将胶水涂抹在报销单据左侧背面,沿着粘贴单装订线内侧和粘贴纸的上边依次均匀排开横向粘贴,且应避免将报销单据贴出粘贴单外。装订线左侧不要粘贴报销单据,不要将报销单据集中在粘贴单中间,以免造成中间厚、四周薄的情况。

③ 如果报销单据大小不一样,可以在同一张粘贴单上按照先大后小的顺序粘贴。报销单据比较多时可使用多张粘贴单。

④ 对于比粘贴单大的报销单据或其他附件,也应沿装订线内侧粘贴,超出部分可以按照粘贴单大小折叠在粘贴范围之内。

(9) 报销单据粘贴基本要求图示范例。

① 紧靠粘贴单的左上端,从左横向粘贴,不得竖向粘贴,如图3-12所示。

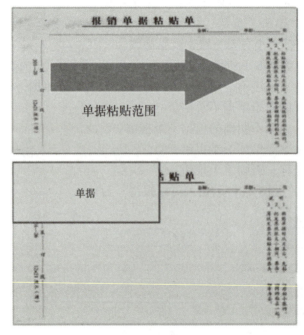

图3-12 报销单据粘贴范例1

② 单据较多时,可分行粘贴,如图3-13所示。

	单据	单据	单据
	单据	单据	单据
	单据	单据	单据
	单据	单据	单据

图3-13 报销单据粘贴范例2

例如，火车票的粘贴如图 3-14 所示。

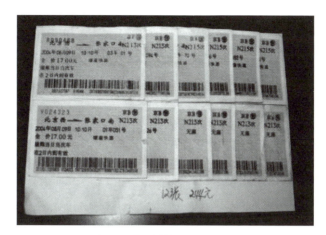

图 3-14　报销单据粘贴范例 3

③ 相邻报销单据间须留出间隔距离，如图 3-15 所示。

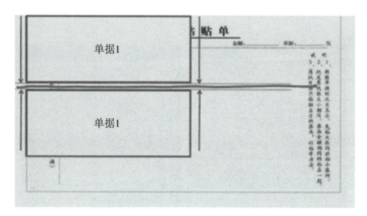

图 3-15　报销单据粘贴范例 4

④ 金额较大的单据，应粘贴在前面，如图 3-16 所示。

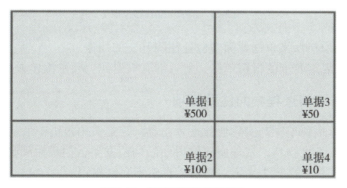

图 3-16　报销票据粘贴范例 5

⑤不同类型的单据，应分别粘贴。

车辆通行费发票的粘贴如图3-17所示。

图3-17　报销单据粘贴范例6

出租车票的粘贴如图3-18所示。

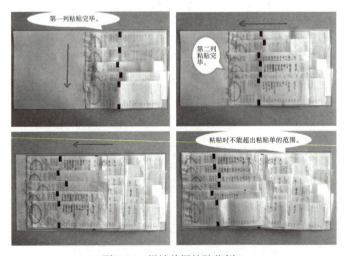

图3-18　报销单据粘贴范例7

（10）报销人须在每张单据背面空白处注明开支的用途。

（11）不符合规定要求的报销单据，财务部有权退回，要求报销人重新整理。

7. 报销单据审核过程中的注意事项

（1）注意核查报销单据与实际业务是否吻合。这是费用报销中最基本的常识。

例如，去采购一批物料，按理应该取得商品购销发票，但最后到财务部报销时使用的是接受服务的发票，这样牛头不对马嘴，自然不允许报销。

（2）注意核查附件能否有力支撑费用发生的真实性。

附件与报销单据之间应具有较强的逻辑性和关联性。

① 实物资产。

购买原材料、机器设备、办公用品、低值易耗品、礼品等，应有入库单、入库单签章；审批手续应齐全；大额采购应有采购合同和质量验收合格证明；发票日期和发票金额应与采购合同对应。

② 业务招待费。

业务招待费报销，应按报销流程审核签批，大额发票应有消费清单。

③ 差旅费。

差旅费报销单据内容应填写齐全，所附的车票应为去出差地的车票，餐饮发票、住宿发票应为出差地的发票，发票体现的人员数量应与派出的人员数量相吻合。

④ 会议费。

会议费报销应有会议通知、参会人员名单、签到表等资料，不得有与会议无关的费用（如旅游费）列支。

⑤ 运费。

运费报销应有运费报销单据，起运地和运达地应与运费报销单据相吻合。

8. 取得的发票应符合税法要求

（1）发票类别恰当。

水电费、各类外包服务费、印刷费、办公费、物料采购费等可以使用增值税专用发票报销，吃饭的发票、业务招待馈赠礼品的发票、为员工福利发生的发票等使用增值税普通发票报销即可。

（2）发票本身要合法有效。

发票上须加盖销售方发票章，且与销售方名称一致；报销的非机打车票上应有监制章；发票须有防伪识别码或水印。

（3）发票备注栏应有未有的发票无效。

如：货物运输服务，需填写起运地、运达地、车种、车号以及运输货物信息；铁路运输公司提供货物运输服务，需注明受托代征的印花税款信息；建筑服务，需注明建筑服务发生地名称及项目名称；出租不动产，需注明不动产的详细地址；差额征税，开票自动打印"差额征税"字样。

9. 各项费用报销中应注意的问题

（1）交通费报销。

① 公司员工外出办事，应首选公交车、地铁作为出行工具，需要乘出租车时必须经部门负责人同意。

② 报销交通费必须认真填写"交通费用明细表"（具体如表3-3所示），按照表格要求填写出行的日期、事由、交通工具、路线、金额，不得有涂改，报销时附在报销粘贴单后。

③ 报销金额严格按照车票金额计算，每张车票上标明日期，按照时间顺序粘贴在粘贴单上，票面金额不实、金额计算错误、金额有涂改的，均需重新填写报销单、交通费用明细表。

④ 交通费每月报销一次，每月 10 日前报销上月交通费，10 日后交来交通费报销单据，报销款下月 10 日前发放，需填写交通费用明细表。

表 3-3　交通费用明细表

报销人：　　　　　　　　　　　　　　　　　　　　　　　　　　　　　　年　月　日

序号	日期	事由	交通工具	路线	金额
				起止	

（2）会议费报销审核内容如图 3-19 所示。

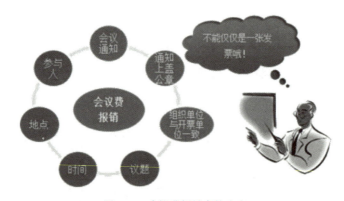

图 3-19　会议费报销审核内容

（3）差旅费报销。

① 延迟取得发票如何处理？

例如：采购人员在超市购买了几百元的办公用品，现金已付，结果超市发票用完了，下月才能开票。如何入账？

根据会计信息的使用者及其质量要求中的重要性原则，由于该笔采购支出金额很小，对企业的会计核算影响不大，所以根据重要性原则，可以等到下月开票后报销（进行会计处理和登记账簿），但要取得开票的证明和依据。财务人员要及时催促采购人员取得发票后及时履行报销手续。

② 出差途中的特殊情况如何处理？

出差期间因私顺道探亲办事而推迟返回，如果占用的是工作时间，则需要经领导批准，费用个人自理，因私天数没有出差补贴并不计考勤。

3.2.5　任务实施

杨某差旅费报销的具体过程如下。

（1）首先，了解差旅过程中主要可能产生的费用，具体如下：

① 市外交通费（机票、火车票、长途汽车票、轮船票）；

② 市内交通费（出租车票、公交车票、地铁票、过桥过路费）；

③ 住宿费；

④ 餐费（出差人正常餐饮，不包括宴请）；

⑤ 杂费（行李托运费、订票费）；

⑥ 出差补贴（无票据，现金发放）。

（2）其次，详查单位差旅报销相关制度，知晓差旅费报销费用标准，如交通选择、餐费补贴、住宿等标准。

（3）再次，熟知特殊情况处理方法。如有关费用标准的补充说明，以下是示例。

① 出差车票原则上由员工自己订购，按照级别标准选择合适的交通工具，标准内实报实销，超过级别标准部分由员工自行承担。机票由公司统一订购。报销时必须提供车票，不能提供或遗失的，原则上不予报销。

② 住宿费报销时必须提供住宿发票，实际发生额未达到住宿标准金额的，不予补偿；超出住宿标准部分由员工自行承担。

③ 本着高效与节约并重的原则，员工出差时须首选公共交通工具出行，如遇特殊情况需乘坐出租车则必须获得部门负责人批准。

④ 出差时由对方接待单位提供餐饮、住宿及交通工具等的，将不予报销相关费用，出差补助减半。

⑤ 出差期间招待客户，需要事先经部门负责人同意，回来后补办招待申请程序，其招待费已报销的，应扣除招待当天对应的伙食补贴。

（4）最后，填写“差旅费报销单”，差旅费报销单示例如图 3-20 所示。

差旅费报销单

报销部门：　　　　报销时间：　　年　　月　　日　　单据附件共　　张

姓名				出差地点			出差事由			
出差起止日期：自　　年　　月　　日起至　　年　　月　　日止共　　天										
日期		起讫地点	天数	机票费	车船费	市内交通费	住宿费	出差补助	其他	小计
月	日									
合计										
原借款：				应退/应补余款：						
总计人民币（大写）　　万　　仟　　佰　　拾　　元　　角　　分										

总经理：　　部门经理：　　财务负责人：　　出纳：　　报销人：

图 3-20　差旅费报销单示例

3.2.6 课后任务布置

2023年,"第九届秘书教育合作发展(丽水)论坛"在浙江丽水职业技术学院举行,南昌某学校委派秘书学专业两位教师参加,请为两位教师做好费用报销相关工作。

相关资料请扫码查看。

本节思维导图如图 3-21 所示。

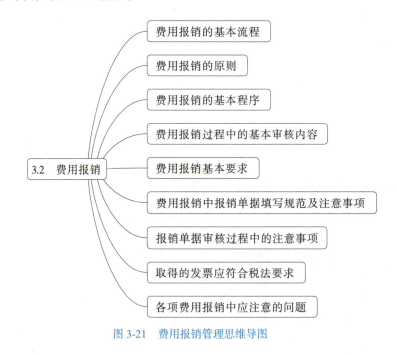

图 3-21　费用报销管理思维导图

第二篇

日常事务管理

第四章

电话管理

> **知识目标**
>
> 1. 掌握接听电话过程中的礼仪;
> 2. 掌握拨打电话过程中的礼仪;
> 3. 掌握特殊电话处理的技巧。

> **能力目标**
>
> 1. 能正确接听电话,为所在组织树立良好形象;
> 2. 能在接听电话后正确地转达电话内容;
> 3. 能正确地拨打电话,提高工作效率;
> 4. 能正确处理特殊电话,维护组织利益。

4.1 接听电话

4.1.1 情景导入

接听电话的反面案例

针对近日有网民发布视频，反映绍兴一个街道便民服务中心工作人员未接听群众来电且回应不当的情况，该街道办事处发布通告：已对相关工作人员予以停职调查，结果将及时向社会公布，对相关工作人员的不当言行深表歉意。

在这之前，有市民在家电话咨询该便民服务中心相关事宜，一直无人接听，赶到现场后，发现工作人员在聊天，电话铃响无人理会。该市民称自己已拨打十几个电话，质疑现场的电话机是摆设。

资料来源：https://www.thepaper.cn/newsDetail_forward_24606356[2024-09-19].

4.1.2 情景描述

在某公司实习的秘书小魏第一天上班，被安排在接听电话的岗位。由于心情十分激动，第一次遇到外来电话，铃声刚起时，他就积极地抓起电话："喂，你找谁？"第二次接电话时，是对方打错了，小魏一听就告诉对方："你打错了。"然后就挂上了电话。第三次接电话时，小魏在铃声响了两遍后拿起话筒，对方没有说明来意就直接要找总经理，对方说："请李总接电话。"小魏很兴奋地说："李总外出和张老板打保龄球去了。"对方说："你知道李总的手机号码吗？"小魏热情地帮对方查了号，并在对方的道谢声中说了再见。

小魏接听完电话后觉得自己处得很好，但是办公室主任却对小魏的表现提出了批评，并建议小魏不要以为接听、拨打电话是小事就不当回事，作为公司的形象窗口，办公室工作人员的一句话和一个动作都会对公司产生影响，他希望小魏学习相关知识，为今后的行政工作做好准备。

4.1.3 任务分析

你认为小魏在接听电话过程中有什么不妥之处吗？可以从接听电话前的准备工作、接听电话的基本程序、接听电话过程中的基本礼仪、特殊电话的接听处理等方面进行说明，并模拟正确的接听电话方式，进行展示。

4.1.4 知识准备

电话是秘书处理日常事务时最常用的不可缺少的交流工具，上级指示、下级意见、商务联系、人际交往、业务咨询等很多事务都要通过电话进行。因此，接听、拨打电话是办公室最普遍、最日常的工作。

随着科学技术的发展，人们每天在工作中会接触大量的电话，使用正确的电话语言和电话礼仪，对组织形象和声誉有直接影响。

很多重要工作的起点，可能就是一通电话，如果这通电话出错，后续工作可能就将难以顺利开展。

1. 接听电话前的准备工作

（1）记录工具：准备好笔、纸、手机、计算机等记录类必备材料，以防对方等待。

（2）情绪及表情：整理好情绪，面带微笑，让对方感受到你的礼貌。

（3）其他准备：停止手头其他工作，不能慌乱无章地进行接听。

2. 接听电话的基本程序

接听电话的基本程序如图 4-1 所示。

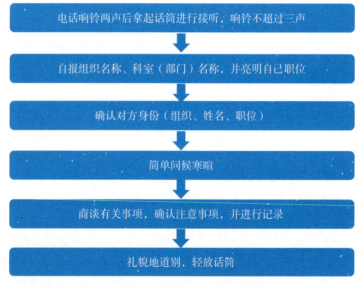

图 4-1　接听电话的基本程序

3. 接听电话过程中的基本礼仪

（1）在响铃两声后、三声内接起电话，如果未能及时接听，接起后应该道歉："不好意思，让您久等了。"

（2）主动问候，自报家门（组织名称、科室或部门名称及自己职位）。

（3）礼貌确认对方身份，不要唐突地问"你是谁"，可以说"请问您哪位"，或者可以礼貌地问"不好意思，请问怎么称呼您？"

（4）通话过程中准确使用谦辞、敬辞和礼貌用语。如"请教一下""请您帮个忙""多向您学习""不好意思，打扰了""贵公司""请稍等"等（具体谦辞和敬辞的用法详见本节节后知识链接）。

（5）对方描述问题的时候尽量不要打断对方。
（6）面带微笑，声音清晰、平稳，语速和语调适中，公务电话尽量以3分钟为宜。

知识拓展

央视新闻播音员的平均讲话速度是每分钟300字左右，3分钟一般人可以表达大约1000字，如果条理清晰，完全可以表达清楚，因此尽量不要在电话中啰嗦，避免给别人留下办事效率低下的印象。

（7）认真倾听对方的电话事由，认真记录，并及时汇报给相关部门和人员。

知识拓展

电话记录技巧

做电话记录时，可将一页A4纸分为上下两联，上联为来电记录通知单或会议通知单（存根），下联内容与上联相同，上联存档，下联交主管领导。电话记录时可利用5W2H法记录，具体如下所示。

WHEN——是什么时候打来的电话？具体到几点几分。
WHO——是谁打来的电话？来电组织及来电人员，确保信息来源有据可依。
WHY——因为什么打来电话？
WHERE——去哪里？要找哪个部门？
WHAT——去做什么？具体做些什么事情？
HOW——对方的语气、态度怎样？
HOW MUCH——在此情景中指对方是否有自己的想法？

（8）若通话质量不佳或电话故障，一定要告知对方，礼貌道歉并说明原因。
（9）须搁置电话或让对方等待时，应给予说明，并致歉。每过20秒留意一下对方，向对方了解是否愿意等下去。
（10）通话结束前要重复来电要点，对于关键信息如联系人、联系方式、时间、地点、重要事项等进行复述，并确认，以防有遗漏。
（11）通话终止的时候，不要忘记向对方说声"再见"。如通话因故暂时中断，要等候对方再拨进来。对于重要的客人或上级，要主动拨回去。不要扬长而去，也不要为此而责怪对方。

4. 特殊电话的接听处理

（1）情景1：接到误拨进来的电话。
接到误拨进来的电话时，需要耐心、简短地向对方说明。如有可能，还要给对方提供必要的帮助，或者为其代转电话，不要生气动怒，甚至出口伤人。
（2）情景2：接到直接找相关领导或同事的电话。
首先，确认对方身份，问清楚事由，并进行记录。
其次，留下对方相关信息，进行重要信息复述。
再次，承诺告知、回复电话。
最后，告知被找寻的领导或同事，让其自己处理。

> 转达电话的基本要求：
> 态度热情、听清关键；
> 言辞谨慎、注意保密；
> 灵活应对、妥当处理。

转接电话时应注意以下问题。

不能不了解情况就直接让领导或同事接听电话，不能随意泄露领导或同事的行程和联系方式等私人相关信息。

（3）情景3：接到请示类电话，即自己无权解决或者无法解决的电话。

首先，进行致歉，说明自己无权或无法解决。

其次，记录相关重要信息，并对重要信息进行复述。

最后，承诺对方会尽快回复。

（4）情景4：接到领导正在开会无法接听的紧急电话。

首先，告知对方，领导在开会，记录下相关重要信息。

其次，根据情况进行应答，可以告知对方自己需要去看看会议是否已经结束，先礼貌挂断电话，得到具体答复后再回复。

再次，准备好纸条，具体内容如下：

| _____先生/女士打电话找您，关于_____事。 |
| （   ）接电话（   ）不接电话（   ）稍后再回电 |

最后，根据得到的相关答复进行电话回复。

（5）情景5：接到领导不想接的电话。

可以礼貌地进行回绝。如：某领导出去办事，今天不回来了。您有什么事找他吗？如果对方仍固执地纠缠下去，也应礼貌地拒绝并告知对方会进行转告，如"对不起，我还有急事要办，我见到他时，会转告他的，好吗？"

（6）情景6：两部电话同时响起的情况。

首先，一定要先查看两部电话的来电信息。

其次，根据具体情况具体处理。一般情况下，按照"先来后到"的顺序进行接听，但是如果另一部电话是领导电话，可以委婉地快速结束当前通话，再进行接听或者回拨。

（7）情景7：接听推销电话。

首先，记录好推销的产品信息及相关电话。

其次，判断对方产品是否为公司所需，如果确实需要便可将相关记录信息给相关领导或者部门；如果不需要可以委婉拒绝，如"我现在有急事要忙，我已经记录了相关信息，如果有需要和您联系，谢谢。"

（8）情景8：接听匿名电话。

匿名电话，就是对方不愿意告知联系方式，也不愿意告知具体事宜，只是说明一定要找到某一人员的电话。这时候先寻找合适的理由说明对方找寻人员不方便接听，可以想方设法让对方留下相关信息，如最终不能成功，可以将拨打电话的时间、打电话人的语气及语调进行记录，并将记录装入信封，上面写上"亲启"字样留给相关人员。

（9）情景9：接听投诉电话。

首先，接听电话时工作人员用语要礼貌，态度要诚恳，语气要真挚。

其次，切勿在对方还未把话说完时，就将电话挂断，即便是对方说话有些不客气甚至是无理刁难也应让其把话说完。面对语气生硬的人，不能与其顶撞，发生语言冲突，更不能在电话中冷言冷语。

可以在处理过程中应用"七步走法"，即倾听、回应、致歉、安抚、尊重认可、同理心（站在对方的角度去思考）、关心。

对于一些重要的投诉，要及时通知主管人员跟进处理，不能擅自向对方做出任何承诺。对于对方的投诉或提问要耐心回答与解释，需转达相关部门或主管人员的应做好详细记录并及时回复对方。

再次，挂电话前，一般要说"谢谢您的来电，您的相关问题我们已经记录，一定会进行相关的回复，再见"等，并且要等对方先放下话筒再挂电话，还要做到轻放话筒，切忌用力或摔打。

最后，根据具体情况，对投诉电话进行相应的回复，不要置之不理。

（10）情景10：接听值班应急电话。

值班，即在规定的时间内承担某项工作，此项工作通常由许多人轮流负责。每个单位都有相应的值班制度，值班过程中经常会接听到一些应急电话，应掌握好接听技巧和注意事项，这对后续工作的推进尤为重要，如果接听过程中出差错，就可能会造成不良后果，具体案例可扫描右面的二维码查看。

值班应急电话接听经典案例

接听值班电话要牢记"热情、细致、灵活、简洁、果断、详实"的十二字方针。接听的基本要求如下所示。

① 严格按照要求时间到岗，并及时接听电话。无特殊情况，值班电话必须在响铃三声内进行接听。

② 若因特殊情况未能及时接听，则必须及时回复，并说明原因。

③ 值班过程中保密机（红机）与普通机同时来电，应先接听保密机。但是同时也应该和普通机来电方说好，等保密机（红机）接听完马上回复，取得其理解。

④ 培养严谨细致的作风及闭环思维，把后续工作做到位。凡事留心掌握，以便问起时可以迅速答复。

接听电话时还应根据不同来电对象掌握不同的接听技巧，具体如下所示。

① 领导来电处理。

首先，认真填写好值班电话接听记录单。

其次，抓紧时间办理，通知相关人员处理。

最后，反馈办理结果，如不能及时处理也要及时反馈，并想办法办理。

② 群众来电的处理。群众来电大体分为咨询类、求助类、信访举报类以及意见建议类等。

a. 咨询类电话。当来电是询问、了解情况时，对于自己不清楚或没有明确规定的问题不要擅自答复。如果对方提出一定要答复，则应在请示领导或核实清楚后再做答复。一时不能弄清的，可请对方留下姓名、联系方式，待弄清楚或经领导同意后再做答复。

b. 求助类电话。这类电话是指与人民群众生活息息相关，希望帮助解决问题的电话。比如，井盖被盗、水管破裂、公共照明设施损坏、停电停水、邻里纠纷、危重病人抢救等。接到这类电话，应视紧急程度，分别处理。紧急事务，既可以直接联系有关部门，也可以让来电人与有关部门联系，告知其联系方法。非紧急事务，可让来电人直接与有关部门联系。

c. 信访举报类电话。接到这类电话，一般请其直接向信访接待部门或者其他部门反映，并告知具体联系电话。对带有普遍性、频发性的问题，要准确记录、归纳整理，并向相关领导报告。处理群众来电时，态度要诚恳、语气要平和、用语要文明。对于群众来电反映的问题，要努力做到"事事有着落，件件有回复"，使值班电话真正成为反映社情民意的重要渠道。

d. 意见建议类电话：当来电是意见建议类电话时，应当具体记录好详细的情况，包括时间、地点、意见建议所涉及的事务类型（以便后期及时和相关部门进行联系）等。记录后应复述来电人的具体意见建议，可请来电人留下姓名、联系方式，待后期工作具体落实好再做答复。

③ 恐吓电话处理。恐吓电话大多是虚张声势，故意制造紧张气氛，扰乱社会秩序，企图破坏社会稳定。接到这样的电话，值班人员千万不要慌张，乱了手脚，不知如何行事。当然，也不能置之不理，置若罔闻。要准确记录下时间、地点、内容等，并立即与公安机关等联系核实，确定后向领导汇报。

④ 诈骗电话处理。诈骗电话一般有以下几种情况。

a. 冒充上级领导或机关、新闻单位人员，试图推销商品、书刊，骗取食宿，骗取领导的联系方式等。值班人员要冷静分析、准确判断，做出婉转、巧妙的回答，可以说要请示有关领导才能答复，也可以说需要请求有关部门协助安排等，切不可擅自答应或直接把领导的联系方式说出去。必要时可向公安机关报案。

b. 冒充领导亲属要求解决问题。对此类电话，值班人员应该找借口委婉拒绝，随即与领导身边的工作人员联系，核实情况，辨明是非。对于假冒者，可以不必理会，如对方再来电话便直接揭穿，并告知将追究其刑事责任。必要时可向公安机关报案。

⑤ 虚假电话。虚假电话指报假案的电话。首先值班人员一定要保持沉稳，反复查问案情细节及报案者了解案情的途径，记录下报案的时间、地点、电话等案件发生的诸要素，及时向有关部门查询，做出正确判断，视情况报告，按领导要求进行办理。

4.1.5 任务实施

秘书小魏第一次接听电话的不当之处如下所示。

接听电话过程中的基本礼仪明确指出，应在电话铃声响铃两声后、三声内接起电话，如果未能及时接听，接起后应该道歉："不好意思，让您久等了。"秘书小魏第一次接听电话时，没有等待两声，这会给对方非常突然的感觉；秘书小魏没有自报家门，也没有使用礼貌用语，这对于树立良好的公司形象极其不利。

秘书小魏第二次接听电话的不当之处如下所示。

接听电话过程中的基本礼仪明确指出，应主动问候，自报家门（公司全称、部门及自己职位），礼貌确认对方身份；接听电话过程中应一视同仁，通话过程中应准确使用谦辞、敬辞和礼貌用语；接到误拨进来的电话，需要耐心、简短地向对方说明。如有可能，还要给对方提供必要的帮助，或者为其代转电话，不要生气动怒，甚至出口伤人。而秘书小魏在第二次接听电话过程中对于误拨进来的电话没有使用礼貌用语，没有具体问询事情及耐心说明。

秘书小魏第三次接听电话的不当之处如下所示。

接听电话时遇到寻找相关领导的电话，需：首先，确认对方身份，问清楚事由，并进行记录；其次，留下对方相关信息，进行重要信息复述；再次，承诺告知、回复电话；最后，告知被找寻的领导，让其自己处理。而秘书小魏第三次接听电话时随意透漏领导相关私人信息，不符合规范要求。

4.1.6 课后任务布置

实训任务 1：大家来找茬

情景 1：小林刚受了领导的批评，心情不好。这时办公室桌上两部电话同时响了起来，小林拿起一部，没好气地说："你好，华润公司，请讲。"

对方说："我是周洲，请转告刘助理，我明天 9 点下飞机，叫她派车来接，同时带上编号 TG5193 的那份合同，我有急用。千万别忘了。"

这个电话的声音有些含混不清，显然是用手机从远距离打来的。

另一部电话仍然在响。小林拿起电话："喂？"

对方说："化工公司吗，我找李主任。"

小林说："什么化工公司？"

对方说："你们是生产肥料的嘉华化工公司吗？我找销售部李主任。"

小林说："我们是华润公司，你打错了。"说完，小林便把电话重重地一挂。

一会儿，刘助理走过来问："小林，周副总有没有来过电话？"

"是叫周洲吗？刚来过。"小林想起了要通知刘助理的那个电话。

"他说了些什么？"刘助理问。

"他说要你接机，好像还要带份文件。"

"哪个航班，几点，哪份文件？"刘助理问道。

"这个，我记不清了。"小林红着脸低下了头……

问题：

1. 请指出小林在接电话过程中存在哪些问题？

2. 如果你是小林，你会如何处理这几个电话？（分小组模拟情景）

参考答案：

1.（1）小林情绪不好，他应控制情绪，面带微笑，温和礼貌地接电话。

（2）小林没有做好电话记录。

（3）在听不太清楚的情况下应让对方再重述一遍，或者拨回去问清楚，小林没有做到这一点。

（4）第一个电话还未完成，也未向对方解释就接了第二个电话，很不礼貌。

（5）不能粗暴对待打错的电话。不要说完"打错了"就马上很重地挂掉，而应先礼貌地说"我想你拨错号码了"，再轻轻地挂上电话。

（6）要善于自制，正确对待领导的批评。不能将负面情绪带入工作，使工作状况恶化，错上加错。

2.略。

情景 2：小陈是某机关办公室的秘书。有一次他正在办公室办公，突然电话铃声响了。此时小陈正在整理文件，停了一会儿才拿起话筒问道："请问你找谁？"对方回答说找老刘，小陈随即将话筒递给邻桌的刘秘书说："刘秘书，你的电话。"没想到，刘秘书接到电话没讲几句，就和对方吵起来了，最后刘秘书大声说道："你今后要账时先找对人再发火。这是办公室，没有你要找的那个刘天亮！"说完就挂断了电话。

原来，这个电话是打给宣传科刘天亮的，结果打到了办公室，而对方只是含糊地说找老刘，小陈误以为要找刘秘书，才造成了这场误会。

问题：请分析小陈接听电话时错在哪里？（讨论）

答案要点：一是应在铃响二声后、三声内接听电话；二是应自报家门；三是要搞清对方是何人、有何事、找何人。

实训任务 2：模拟办公室中接听电话的情景

情景 1：总经理正在开会，有一个客户打电话来扬言现在一定要找到总经理本人进行通话，当秘书告知总经理正在开会后，他仍坚持要总经理本人接听，并说出一些恐吓的话语。

情景 2：总经理正在接待客人，有一位自称是总经理重要客户的人打来紧急电话，要总经理亲自接听。

情景 3：有一位客户打来投诉电话，说所购商品出了问题，给自己生活带来极大的不便，火气很大，并要求高额赔偿。

情景 4：一位客户打电话过来找同事小林，小林刚好因为私事离开了公司。

本节思维导图如图 4-2 所示。

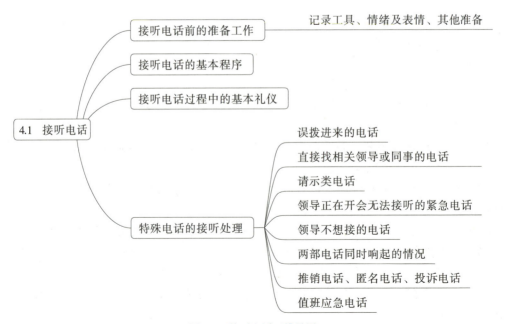

图 4-2　接听电话思维导图

知识链接

请扫码查看谦辞与敬辞的用法。

谦辞与敬辞的用法

4.2　拨打电话

4.2.1　情景导入

（小赵在办公室，准备拨打陈先生的电话。）

小赵：（拨通电话，等待接通）"您好，请问是陈先生吗？"

陈先生："是的，我是陈先生。请问你是哪位？"

小赵："您好，陈先生。我是小赵，来自 XYZ IT 公司。感谢您接听我的电话。我今天拨打电话是想确认您在上周提交的技术支持请求，编号是 78901。我们希望了解您的具体需求，以便尽快安排技术人员为您服务。"

陈先生："好的，我的请求是我们服务器性能不稳定，最近经常出现卡顿，需要进行技术维护。"

小赵："明白了，您是说服务器的性能问题。请问您能否提供更多的详细信息，例如发生问题的时间和频率？"

陈先生："通常是在高峰期，也就是每天上午 9 点到 11 点之间，服务器的反应速度会明显下降。"

小赵："谢谢您的详细说明。我们会安排技术人员在下周一上午 9 点到您的公司进行检查，您看这个时间是否合适？"

陈先生："这个时间可以，我会在办公室等他们。"

小赵："好的，感谢您的确认。我们会在下周一派技术人员过去。如果在此之前您有任何问题，请随时拨打我们的客服电话，电话是××××××××××××。"

电话是一个企业或单位形象的重要窗口。拨打电话和接听电话不一样，拨打电话具有主动性，是主动占用他人时间，因此在实际工作中掌握正确的拨打电话方式对于提高工作效率具有重要作用。

4.2.2 情景描述

公司行政部文员林某被总经理要求通知办公室预订蓝海大酒店餐厅,总经理还通知日程有变更,暂时取消本月 25 日的客户接待安排,同时要求各部门经理在下午 2 点 30 分到总经理办公室开会。

4.2.3 任务分析

电话工作是一项看似简单,实则要求工作人员非常认真细致的工作,在完成该项工作的过程中要懂得拨打电话、接听电话的基本礼仪,更加要懂得特殊电话的特殊处理方法等细节,还要学会如何合理分配时间等问题。

上述工作情景中有这么多部门需要通知,林某要高效、圆满地完成工作,就需要具备相关知识,请对林某的工作情景进行模拟。

4.2.4 知识准备

1. 拨打电话的基本程序

拨打电话的基本程序具体如图 4-3 所示。

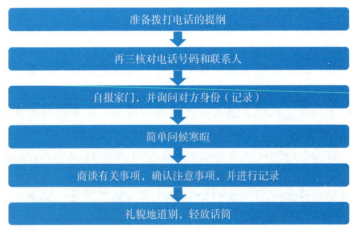

图 4-3 拨打电话的基本程序

2. 拨打电话的基本要求

(1)要选择对方方便的时间。

① 不论多熟悉的关系,都要尽量避免在别人休息的时候因为公事拨打电话,如用餐时间、午休时间、晚上睡觉时间、节假日休息期间等。总之,公事应尽量在工作时间进行电话拨打。

② 如果是私事,则应力求避免在对方的通话高峰和业务繁忙的时间打电话。

③ 如果是拨打境外电话，还需要计算各地区的时差及工作时间的差异，尽量不要在对方休息时间拨打电话。

④ 即使客户已将家中的电话号码告诉你，也尽量不要往客户家里打电话。

（2）要长话短说。

拨打电话时要力求遵守"三分钟原则"。即拨打电话前应当提前将通话要点进行罗列，重要、紧急的事情应用简洁的语言条理清晰地表述清楚，要有准备地拨打电话，而不是毫无准备就拨打。

注意：如果通话时间较长，应提前咨询对方是否方便接听。

（3）内容规范。

① 通话前准备好纸和笔，以备记录用。

② 通话前将与通话内容相关的资料准备好。

③ 核对相关信息：姓名、电话、通话要点等。

小技巧：拨打电话小提纲

- ◆ 我的电话打给谁？
- ◆ 我打电话的目的是什么？
- ◆ 我要说几件事情？它们之间的顺序是什么样的？
- ◆ 我需要准备哪些文件资料？
- ◆ 对方可能问什么问题？我如何回答？

（4）在拿起电话时，要用自己的声调表达友善情绪。

（5）电话接通后，先问候对方，再自报组织名称、职位和姓名等，然后直接进入主题，避免不必要的寒暄。

（6）拨打电话一方如果话已经说完，可以礼貌询问对方是否还有相关事宜，没有相关事宜再进行挂断，不需要絮叨，避免给对方留下缺乏素养的印象。

3. 特殊情况

拨打电话过程中遇到以下特殊情况可参考下文进行处理。

（1）情况1：找的人不在，如何是好？

如果你找的人不在，需要对方转告，应诚恳地说："对不起，请问该怎样称呼您？您是否可以帮忙转告×××，××××公司×××因为×××事情给他打过电话，麻烦回复电话给我，我的电话是××××××××，非常感谢，给您添麻烦了。"

（2）情况2：拨打电话过程中语音不清楚或者掉线，如何是好？

及时中断，并尽快向对方拨打电话，接通后首先说明中断原因，以免失礼。

（3）情况3：对方称拨错号码怎么办？

快速核对号码是否有错：

① 如果确实有错，则致歉"打扰您了，抱歉"；

② 如果确实没有错，则礼貌地再次和对方确认相关信息。

（4）情况4：代领导拨打电话怎么办？

工作中经常会代领导拨打电话，这时：

① 如果找的是领导的平级或者下级，则可以让要找的人先接电话，简要自报家门，然后让对方稍等，把话筒给领导，或将电话直接接进领导办公室；

② 如果要找的人是领导的上级，则在与对方秘书确认身份，可以接听电话后，应当请领导接过电话，告诉领导要找的人马上就会来接电话，让领导与对方直接通话，如果对方已经讲话，就道歉说："对不起，请稍等一下。"

拨打电话的具体流程图如图4-4所示。

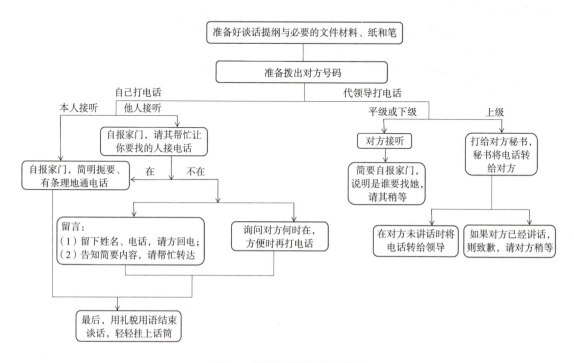

图4-4 拨打电话的具体流程图

4.2.5 任务实施

第一步：行政部文员林某要一次性拨打的电话过多，所以在任务实施过程中可以按照"ABCD时间管理法则"来进行自我管理。

A：代表既重要又紧急的事情；

B：代表紧急但不重要的事情；

C：代表重要但不紧急的事情；

D：代表既不重要又不紧急的事情。

分清事情的轻重缓急后，划定事情的先后顺序，确定拨打电话的顺序。

第二步：明确拨打电话的基本程序，即准备拨打电话的提纲；再三核对电话号码和联系人；自报家门，并询问对方身份（记录）；简单问候寒暄；商谈有关事项，确认注意事项，并进行记录；礼貌地道别，轻放话筒。

行政部文员林某应根据总经理的要求，为每项工作任务拟写好每次拨打电话的提纲，为免有遗失，可以参照以下几方面进行：我的电话打给谁？我打电话的目的是什么？我要说几件事情？它们之间的顺序是什么样的？我需要准备哪些文件资料？对方可能问什么问题？我如何回答？

第三步：在进行电话拨打时要注意选择对方方便的时间；要长话短说，最好3分钟内将问题解决；记录的内容要规范。

第四步：做好每一项工作任务的完成记录，并对通话过程中的特殊情况进行记录，最后向总经理进行汇报。

4.2.6　课后任务布置

情景1：

公司行政部文员林某被通知暂时取消本月25日的客户接待安排，要拨打用车取消、宴请预订取消的告知电话。同时要通知各部门经理在下午2点30分到总经理办公室开会，主要汇报本月度部门工作、成绩和困难。

实训要求：

（1）分组训练，4人一组；角色扮演，一人扮演行政部文员林某，其他人扮演其他部门人员。

（2）小组演练后，要求其他同学给这几位同学进行点评。

情景2：

公司行政部文员林某接到通知，公司展销活动提前了，所以原定于下周五去广告公司看样板的事情，要提前到本周五，并且务必要亲自得到该广告公司张经理确认（现在只有该广告公司的行政部公用电话），以确保公司展销活动提前的各项事宜得到妥善安排。

实训要求：

（1）分组训练，2人一组；角色扮演，一人扮演行政部文员林某，另一人扮演广告公司行政部人员。

（2）小组演练后，要求其他同学给这几位同学进行点评。

本节思维导图如图4-5所示。

图4-5　接打电话思维导图

知识拓展

请扫码阅读"过度依赖手机 忽视当面交流现象普遍存在"。

"过度依赖手机 忽视当面交流现象普遍存在"

第五章

邮件管理

知识目标

1. 了解邮件处理的含义；
2. 了解邮件的分类；
3. 了解邮件接收和寄发的程序。

能力目标

1. 掌握实物邮件和电子邮件收寄处理的正确方法；
2. 能够熟练、正确地处理各种实物邮件和电子邮件。

5.1　接收邮件

5.1.1　情景导入

　　文员邓小姐第一天上班，上司让她负责处理公司的邮件。早上第一批邮件到了，邓小姐正忙着打电话，她让送邮件的人把邮件堆放在已有一些邮件的办公桌上，然后一边打电话，一边拿过笔签了字。打完电话，她心不在焉地把所有的邮件都剪开了，其中一封邮件被剪掉了回信地址的一角，她也没有注意。她抽出所有的信纸，放在一边，而把所有的信封放在了另一边。邓小姐拿起一张信纸看了起来，只见上面写着："亲爱的红……"她意识到拆错了邮件，匆匆看完后，把邮件又用胶水粘了起来（但是外表还是有些痕迹）。她又看了几封邮件，其中有一封急件，她觉得应该由上司回复，于是，她把几封邮件混在一起放在上司的办公桌上。事后，邓小姐因处理邮件方法不当被同事投诉，也被上司严厉批评了一顿。

　　资料来源：https://max.book118.com/html/2018/0314/157268079.shtm[2024-05-20].

5.1.2　情景描述

　　假如你是某公司的秘书，刚到公司，你马上打开自己的邮箱，发现有几封电子邮件，其中有两封是和张总经理约谈项目的，其他都是一些广告邮件。还没来得及处理，邮递员又送来三个实物邮件：第一个是发给张总经理的函件，封面上有"急件"字样；第二个是给李经理的包裹；第三个是税务局寄来的函件。你签收后，该如何正确处理公司的这三个实物邮件以及邮箱里的电子邮件呢？

5.1.3　任务分析

　　邮件处理工作是秘书的日常工作。秘书在单位中，处于承上启下、协调左右、沟通内外的枢纽地位，既直接为领导服务，又要为单位各部门工作服务，服务对象和范围较广泛，因此秘书人员要贯彻落实党的二十大报告指出的"必须坚持人民至上"的理念，在工作中强化服务意识，认真、细心、耐心地做好每一项工作。一般而言，单位的邮件一般有两种类型：一种是通过邮局或其他外部途径投递的实物邮件；另一种是通过网络发来的电子邮件（包括传真）。秘书每天上班要做的第一件事就是查收电子邮件和检查传真机等设备，看有无最新信息。如果电子邮件的信息需要汇报给领导，秘书可将信息全部或部分打印出来，然后与其他邮件一起交给领导，并做好登记工作。对于通过邮局或其他外部途径投递过来的实物邮件，通常处理的程序是：签收、分拣、拆封、阅函、登记、呈送、办注。

　　邮件的接收在许多人看来是非常简单的事情。但是，如果秘书在接收邮件时对一些细节问题没有注意，则可能导致不良后果。例如：电子邮件没有及时回复或信件拆开后没有及时处理，可能造成重要事情的延误；将写有领导亲启的私人信件也拆开了，可能引起不必要的麻烦；移交包裹时没有登记签名，可能造成一定的损失。因此要掌握正确接收邮件的程序和方法，以避免出现这些不必要的问题，从而提高秘书人员的工作效率。

5.1.4　知识准备

1）邮件处理的含义

邮件处理是指在邮件的接收和寄发过程中所要进行的一系列工作。

2）邮件的分类

按邮件传递渠道划分为通过邮局或其他外部途径（快递公司）传递的实物邮件，如各类信函、电报、报刊、包裹等；电子邮件，如电传、传真、E-mail 等。

按邮件内容划分为业务邮件、广告邮件、私人邮件。

按邮件紧急程度划分为平常信函、急件等。

5.1.5　任务实施

1. 实物邮件的接收与管理

实物邮件的接收与管理的程序一般为：签收、分拣、拆封、阅函、登记、呈送、办注。

1）签收

为保证实物邮件的安全，应及时收取。应对所收实物邮件的件数认真清点，检查实收件数与投递清单上的件数是否符合。清点后，要检查邮件信封上或封套上所注明的收文单位、部门、姓名是否都与本单位相符，如有误投，应立即退回。应检查包装和封口是否损坏；实物邮件经清点检查无误后，收件人要在送件人的"投递回执单"（或"送文簿"）上签字，并注明收到的时间。投递回执单如表 5-1 所示。

表 5-1　投递回执单

签收部门		签收人职位	
签收邮件			
签收人姓名		签收日期	
备注			

2）分拣

分拣主要有三种方法：按收件人姓名分拣；按收件部门的名称分拣；按邮件的重要性分拣。

分拣时还应注意：将私人邮件与业务邮件分开；将平常信函与急件分开；把需要优先查看的邮件放在一起。

3）拆封

要明确拆封权限（事先和领导协议可拆封哪些邮件）；不能拆封印有亲启、保密等记号的邮件；误拆不该拆的邮件时应封好并注明误拆字样；保持拆封邮件整洁和完好，注意封内文件不能损坏。

拆封前，在邮件底部轻敲几下，使邮件内物件落到下部；拆封时切勿手撕，应使用开封刀，仔细检查物件是否全部取出；邮件上注明的附件必须核对清楚并使用环形针、订书钉等将其固定在邮件上，如缺少附件须在邮件上注明。

4）阅函

文件信函需阅函，重点部分用红笔标出，内容复杂的长信应做摘要并提出拟办意见。同时还要检查信封、信笺上的地址是否一致，附件是否齐全。

5）登记

建立登记簿。登记时要注意：除了私人邮件、广告邮件、征订单，其他公文、公函、包裹、杂志等，都应按登记簿中的内容逐项登记，以便管理。登记时注明序号、接收日期、邮件名称、送达部门/人、接收部门/人等。登记簿如表5-2所示。

表 5-2　登记簿

序号	接收日期	邮件名称	送达部门/人	接收部门/人	接收人签字	复印份数	备注

6）呈送

将不同收件人的邮件分类并呈送相关收件人。向领导呈送有阅办要求的邮件；向其他人呈送相关邮件。

① 呈送领导的邮件的注意事项：尽量赶在领导进办公室前整理好；将有关联的邮件放在一起；询问是否要把收到的亲笔信打印几份；按轻重缓急程度整理好领导的邮件；征询是否需要对邮件进行评述。

② 呈送其他人的邮件：直接转交，可备注提示条。按不同的邮件内容，提示条可

分别设计如下内容：为你提供信息、请交回、征求你的意见、请存档、要你采取措施、请提意见、请你和我一起审核传阅……

7）办注

办理完毕的邮件要及时在登记簿的备注栏注明办理结果。

2. 电子邮件的接收与管理

电子邮件（Electronic Mail，E-mail），又称电子信箱、电子邮政，标志是 @。电子邮件指用电子手段传送信件、单据、资料等信息的通信方法。通过电子邮件系统，用户可以用非常低廉的价格，以非常快速的方式，与世界上任何一个角落的网络用户联系，这些电子邮件可以是文字、图像、声音等各种形式。同时用户可以得到大量免费的新闻、专题邮件，并实现轻松的信息搜索。电子邮件具有快速传达、不易丢失的特点。

电子邮件的地址由三部分组成。第一部分是"@"前的部分，代表用户电子邮箱的账号，对于同一个邮件接收服务器来说，这个账号必须是唯一的；第二部分是"@"，它是分隔符；第三部分是"@"后的部分，代表用户电子邮箱的邮件接收服务器域名，用以标志其所在的位置，如：zhangsan@163.com。

电子邮件作为一种用电子手段进行信息交换的通信方式，是互联网时代的产物，具有快速和便捷的特点。电子邮件虽然给我们的工作和生活带来了便利，但是如果处理不当，很可能给组织安全带来极大的威胁。

那么作为新时代的秘书人员，如何才能做好电子邮件的接收与管理工作呢？

1）电子邮件的接收

（1）收件。

每日上班后，应第一时间查看个人邮箱以及由自己负责的组织邮箱是否有新电子邮件。如有新电子邮件，应及时接收处理，应做到当天邮件当天处理，以确保信息的及时交流和工作的顺利开展。

此外，在接收电子邮件时应注意网络安全问题。电子邮件往往是计算机病毒的重要来源，为保护组织安全与利益不受病毒侵扰，对来历不明的电子邮件必须谨慎处理，若不确定某电子邮件是否会有危险，最好删除。

（2）过滤。

应对所接收的电子邮件进行过滤，即查看邮件是有效邮件，还是垃圾邮件。这项工作可以通过邮件管理和过滤功能来实现。

通常的做法是，通过设置过滤功能中的邮件域名、邮件主题、邮件来源等规则对邮件进行过滤。垃圾邮件一般都有相对统一的主题，如"促销"等字眼，若不想收到这一类邮件，可以事先将过滤的邮件主题设置为包含这些关键字的字符。删除错发、与组织无关的零价值邮件，保存有价值的邮件。

（3）分类。

将有效邮件进行分类，通常可采用发件单位、所属部门、时间、重要程度、紧急程度等分类标准。如按邮件的重要程度，可将邮件分为重要邮件和普通邮件。按邮件的紧急程度，可将邮件分为急件、次急件和普通件。

具体采用哪种或者综合运用哪几种电子邮件的分类标准，由组织具体情况和某日所收到的邮件情况决定。如果电子邮件都不紧急，可以按所属部门来分类，同一部门中，再按照发件单位或者时间来分类。如果领导日程排得很满，需要处理的邮件又很多，就可以按照紧急程度来分类，上呈领导。

（4）登记。

为让接收更为规范，电子邮件也应和实物邮件一样在接收时进行登记。登记内容通常应包括邮件接收日期、邮件主题、事件、发件日期、发件人（经办人）、接收人（组织、部门）、抄送人等要素，以方便日后检索和查询。

（5）转发。

登记后，应按照邮件内容、性质与办理要求，及时准确地转发给有关领导、有关部门或有关人员。

（6）处理。

应对属于自己职责范围内的邮件进行处理，遇到邮件中要求回执的也应尽快进行回复处理。此外，一些通知类邮件应在阅览后转发给有关领导或其他相关人员。一些不急于办理或不确定是否应办理的邮件，可建立一个临时文件夹，将这些未来可能需要办理或未来可能有所用处的邮件放入这个文件夹中，并定期检查这个文件夹，看看是否应该清除一些邮件。对于一些重要邮件，可以将其打印出来按照纸质邮件保存方法进行归档保存，而不是放置到邮箱中。

2）电子邮件管理的基本规范

（1）定期查看。

每天至少检查一次邮箱，避免遗漏或耽误邮件回复；及时保存下载或转达邮件内容。

（2）及时回复。

一般应当在收件当天予以回复，回复时要分别处理。回复时找到对方邮件点击"回复"，形成主题为"回复+对方原始邮件主题"的邮件。

（3）定期清理。

及时清理垃圾邮件或无用的业务邮件，以及已被复制的其他业务文件，避免邮箱过于拥挤。

3）对不同类型电子邮件的处理方法

在邮箱中大概有三种类型的电子邮件。

① 提供信息类电子邮件：此类电子邮件不需要回复，比如：群发的公司新闻、公司新规定、发给你的附件、提供某个日常报告给你的邮件。

② 咨询类电子邮件：指问你某个问题，要你回答（只是问问题，不需要做事）的电子邮件，比如：要你发某个文件、咨询你一个技术问题、问你某个项目的进展。

③ 安排工作类电子邮件：指合作部门或者领导发邮件给你安排任务的电子邮件，比如：要你提供某个报告；要你去把某件事处理一下；下达一个新指令，需要转发给内部各部门，并且要追踪反馈结果。

那么对这些电子邮件应如何快速、准确地处理呢？

① 从最容易的开始，即提供信息类电子邮件。因为这些邮件价值不大，所以可以快速辨别出哪些是这类邮件，花几分钟看完就拖走，不要留在收件箱里分散自己的注意力。

a. 群发的公司新闻、公司新规定，若和具体项目无关，没太多价值，则全部放在一个"通知"类的文件夹中。

b. 发给你的附件（和具体业务相关），当场看，看完就拖放在相关项目文件夹中；如果日后还有利用价值，则把文件另存，保存后立马拖走。

c. 日常报告。对于此类电子邮件，不管是什么项目的，不管有没有兴趣看，全部集中放在一个"报告"类的文件夹里，便于以后翻找。

② 对咨询类电子邮件，能够立即回复的，收到就回复，回复之后，把邮件拖放在相关项目文件夹中。不能立即回复的，暂时先留在收件箱。然后把这种类型的邮件记录在本子上集中处理，等找到答案再回复，回复完就拖走，并在本子上做好备注。

③ 对安排工作类电子邮件，和上面咨询类电子邮件中不能立即回复的一样，先放在收件箱里，集中记录在本子上，然后等处理完安排的工作后，回复发件人处理的结果。回复之后马上拖放该邮件到相关的项目文件夹里，并在本子上做好备注。

每天按照上述方法对待每一封电子邮件，尽量让收件箱在自己每天下班的时候是空的，让在其他分类文件夹里的邮件都是处理过的。

5.1.6　课后任务布置

（1）实物邮件的接收和管理程序是什么？
（2）电子邮件管理的基本规范是什么？
（3）课后试着对自己的电子邮件进行整理分类。
（4）分组讨论：秘书人员应如何处理领导不在期间的邮件？
（5）案例分析。

公司的总经理于 6 月 15 日至 6 月 25 日出差，预定 6 月 25 日上午回来。秘书小苏负责处理公司的各类邮件。小苏从收发室取回邮件，其中有总经理亲启的信函一封；包裹一个；总经理办公室收件三封，其中有一封从天津分公司寄来的信，总经理曾说过让销售科科长处理，正好销售科的小李走过办公室，小苏说："小李，把这封信交给你们科长。"小李把信带走了。小苏把总经理亲启信函放在总经理办公桌的抽屉里，又拆开剩余两个总经理办公室收件，第一封邀请总经理参加定于 6 月 25 日下午的研讨会，小苏想，总经理前几天还谈到准备参加这次研讨会，25 日他正好回来，一定会参加的。于是小苏打印了接受邀请的回信，明确告知对方总经理会参加会议，并替总经理签了名。小苏又拆开第二封信，拿出信纸，发现里面还有两张产品样品的照片，小苏看了信的内容，信中说明有三张照片。小苏不知道如何处理，便把照片又放回了信封中。

问题：小苏处理邮件的做法是否正确？如果不正确，正确的做法应该是怎样的？
本节思维导图如图 5-1 所示。

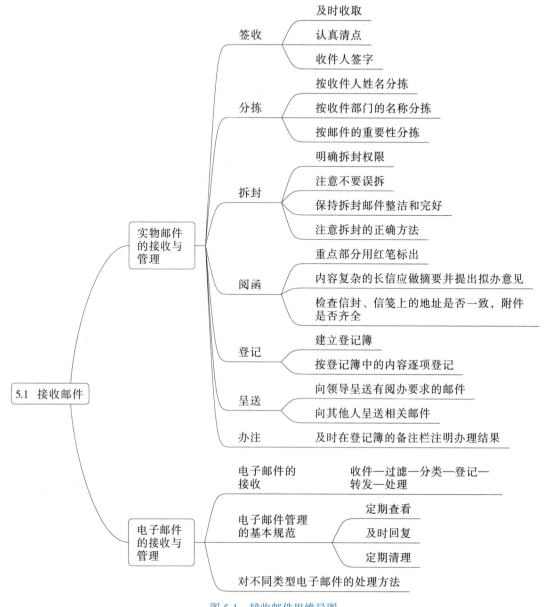

图 5-1　接收邮件思维导图

知识拓展

电子邮件文件夹分类的小技巧

电子邮件文件夹可以按照项目分类，比如项目 A、项目 B、项目 C。但是有些电子邮件同时涉及几个项目，到底应放在哪里？答案是和哪个项目关联性最大，就放在哪个文件夹中，或者如下文这样处理。

可以建立"通用项目类"文件夹，把所有项目（或者大部分）共用的电子邮件放在里面，比如"2023 年项目进度""公司会议安排"等。还可以建立一个"杂项"文件夹，放一些和工作关系不大的邮件。

可以建立一个"旧项目"文件夹集中存放所有旧项目有关的电子邮件,以缩短列表。尽量不要用年份分类,因为日后要找的时候,非常不方便。

图5-2是文件夹分类的一个范例,总共只有五个文件夹:"通知""杂项""!日常报告""!通用项目类""项目"(可以用01、02这样的序号给文件夹排序,不过Microsoft Outlook 2013已经开始支持拖动排序了)。这样收件箱就会变得很清爽整洁。

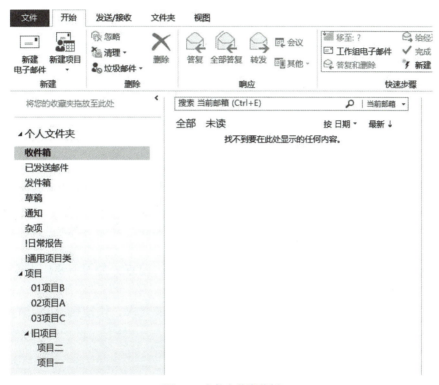

图5-2 文件夹分类范例

5.2 寄发邮件

5.2.1 情景导入

"EMC邮件"事件

2006年4月7日晚,EMC大中华区时任总裁陆某(新加坡人)回办公室取东西,到门口才发现自己没带钥匙。在数次电话联系已经下班的秘书瑞贝卡未果后,次日凌晨1点13分,陆某恼怒之余,写了一封措辞严厉且语气生硬的英文"谴责信"给瑞贝卡,并同时抄送给公司的其他几位高管。

或许是陆某的盛气凌人激怒了瑞贝卡，或许是陆某将邮件抄送给公司其他高管让她觉得很丢脸面，也或许她觉得错根本不在自己，受了委屈。愤懑之余，4月10日13点48分，她也义正词严地用中文回复了一封邮件并抄送给EMC在北京总部和上海、广州、成都三地分公司的所有员工，其中也包括陆某和其他几位高管。

陆某和瑞贝卡这种做法看上去十分过瘾，其实相当不专业。一封邮件抄送那么多人，必然造成不和睦。

资料来源：https://news.cctv.com/science/20070125/109273.shtml[2024-05-30].

5.2.2 情景描述

某公司的秘书贾某，寄发邮件的处理工作很多：

（1）处理要寄给总经理的函件，封面上有"急件"字样；

（2）复印一份将寄给某客户的答复信以备存，原件邮寄给客户；

（3）给人事部李部长寄包裹；

（4）处理市政府发来的一份政策性文件，上面有总经理的批办意见——"望交各部门负责人传阅"；

（5）正在外地参加某商品交易会的副总经理打来电话，要求贾某立即寄送本公司的一个商品的样本过去；

（6）有三个客户的电子邮件需要在四小时内回复，南京分公司催要广告宣传单等文字材料。

如果你是贾某，你将如何按照正常的程序和规范的要求，快速完成今天的邮件寄发工作呢？

5.2.3 任务分析

秘书在寄发邮件时，一定要规范及时。

首先，要区别寄发件的轻重缓急。应该优先重点处理有时间要求的邮件，如寄给总经理的急件、副总经理催要的商品样本、客户需要在四小时内回复的电子邮件及南京分公司催要的材料。在这些寄发件中又要根据重要程度做出优先与否的不同处理。

其次，要注意公私邮件的不同处理方式。对于业务邮件，一定要选择合适的寄发方式；对于私人邮件，最好在公司的合适位置设置一个取信处，由员工自行寄发，以免耽误工作。但重要的邮件，如寄给某部长的包裹，有时很难区分其公私性质，此时最好亲自寄发。

最后，寄发邮件要讲求效率。能够集中在一个时间段统一寄发的邮件，最好集中起来一起寄发，否则多次寄发会浪费时间影响自己的工作。特别要了解邮政方面的规定和要求，注意避免寄发时因不符合邮局要求而不得不重新处理邮件的情况。

那么，在寄发实物邮件和电子邮件时，还要注意哪些事项呢？具体操作规范还有哪些？

5.2.4 知识准备

1. 实物邮件寄发渠道

1）邮局邮寄

邮局邮寄主要适用于各种书面通信、公文等，以及各种业务性书面材料、证件，主要有三种邮寄方式。

（1）平常信函：平常信函是一种邮寄信件的方式，邮寄平常信函时，需要使用标准信封，与挂号信函相比，平常信函不出具收据，不接受查询，不负责赔偿。

（2）挂号信函：价格比平常信函稍微高点，比较快，一般不会丢失，且有收签回执，相对平常信函更有保障，无人接收则退回发件人。

（3）特快专递：由消费者付出较高的费用以获得快速的邮政传递服务，常应用于必须快速发送的重要邮件。其特点是投递速度快、跟踪服务更新快、送达快。需要在邮局购买统一的特快专递封套，按要求封装物品并填好相关信息，交前台办理。

2）快递服务

如果资料或产品较多，则可以选择快递服务。国内快递公司有顺丰、中通、圆通、韵达、申通等。快递服务的基本特点是运费便宜、网点多、运输快。据测评，顺丰快递是目前速度最快的快递。

2. 电子邮件发送类型

1）抄送

抄送（Carbon Copy，CC），是将邮件同时发送给收件人以外的人，对方可以看见所有收件人的地址。

2）密送

密送（Blind Carbon Copy，BCC），意为盲抄送，也是将邮件同时发送给收件人以外的人（密送人）。将所写的邮件抄送一份给其他密送人时，收件人或密送人不会看到其他密送人。

3）分别发送

分别发送也就是正常发送，指将邮件一一发送给收件人。

5.2.5 任务实施

1. 实物邮件的寄发与处理

秘书的邮件处理工作属于办公室日常事务工作，它包括了邮件的接收和邮件的寄发，做好邮件的接收工作后，秘书需要进一步做好邮件的寄发工作。做好邮件的寄发工作同样需要掌握一定的程序和方法。那么如何做好实物邮件的寄发工作呢？一般可以参照以下程序。

（1）寄发前的工作。

① 内容校核。

在实物邮件寄发前，秘书首先要做好邮件的准备和核对工作。若是信函，则起草完毕后，秘书应仔细检查，确保格式正确，保证字句、用词和标点没有错误。待校核完毕以后用 A4 纸进行打印，核对附件是否已经装订好。保证信函干净整洁，字迹清晰，确保附件齐全。若是亲笔书写的信函则不需要打印，核对无错即可。若是物件，则要妥善安置，保证不损坏。

② 领导签发。

一般以公司名义寄出的邮件，应请领导审核后在邮件的末尾签字或者加盖公章。秘书在核对完邮件之后，应将代领导拟写的邮件打印出来上呈领导审阅，领导签字后才能寄发。如果不合领导意，则拿回重写。除紧急情况下的邮件必须立即请领导签字以外，一般要寄发的邮件应统一时间交付领导签字。

③ 登记存档。

领导签发以后，将需要保存的重要邮件在登记册上登记，另外复印一份存入档案，以备查考。需要登记存档的主要邮件有挂号信函、特快专递、印刷品及其他重要邮件。

④ 装封。

a. 装入邮局标准规格的各类大小信封的折叠方法包括不折叠、二折法、三折法。

b. 打印信封。中文信封和英文信封有不同的要求，格式如图 5-3、图 5-4 所示。

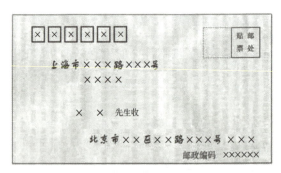

图 5-3　中文信封格式

图 5-4　英文信封格式

c. 检查姓名、职称和地址是否准确。

d. 检查邮寄标记是否准确，如挂号信、报价信、保密信等的特殊标记。

e. 检查邮件附件。

（2）寄发时的工作。

邮件的寄发要考虑速度、经济性、便利性等各种因素。在不同的情况下可以选择不同的邮寄渠道。如果邮件的数量和种类较多，应当先对邮件汇总并分类。可以将信件、包裹、印刷品等区分开，也可以将邮件分为境内平常信函、挂号信函等。急件应当立即处理，大宗的信件可以捆扎寄发。重要邮件寄发前都要先在登记册上登记。

注意：印刷品交寄时，内部不可以夹带信函、现金及其他物品；邮寄时，交给邮局工作人员验视内件后再封装。

（3）寄发后的工作。

① 保管收据。

在实物邮件寄发后，秘书要保管好收据，收据可以作为在邮件寄发途中获取邮件位置信息的依据，也可作为邮件凭证，以备处理突发情况。待邮件收件人接收以后，收据也可归入档案进行保存。

② 通知收件人。

在邮件寄发以后，秘书要电话通知收件人，告知收件人已寄出的实物邮件和大概到达时间，并及时核实对方是否收到。

信息社会，实物邮件的邮寄越来越少，一旦使用，必然是重要邮件，所以，秘书更应该重视，按照程序，一步一步完成，确保零差错。

2. 电子邮件的寄发与处理

（1）电子邮件撰写与发送规范。

电子邮件在寄发前要特别注意撰写的正确格式和发送的规范，以免降低工作效率。电子邮件一般由四部分组成：收件人、邮件主题、邮件附件、邮件正文。在撰写及发送电子邮件时应注意以下几点。

① 简洁概括邮件主题。

在主题栏简明扼要地注明邮件主题，方便对方明确邮件的要义，同时方便查找、处理、回复，注意：

a. 一定不要使用空白主题，这是最失礼的；

b. 最好写上来自××公司的邮件，以便对方一目了然，又便于留存，时间可以不用注明，因为一般的邮箱会自动生成，写了反而累赘；

c. 邮件主题要能真实反映邮件的内容和重要性，切忌使用含义不清的主题，如"王先生收"；

d. 一封邮件尽可能只针对一个主题，不在一封邮件内谈及多件事情，以便于日后整理；

e. 可适当使用大写字母或特殊字符（如"*""！"等）来突出主题，引起收件人注意，但应适度，特别是不要随便使用"紧急"之类的字眼。

② 准确使用称呼。

a. 写上收件人的尊姓大名，并使用得体的称呼，在多个收件人的情况下可以称呼大家、ALL；

b. 如果对方有职务，应按职务尊称对方，如"×经理"；

c. 如果不清楚对方职务，则应按通常的"×先生""×小姐"称呼，但要把性别先搞清楚；

d. 不熟悉的人不宜直接称呼英文名，对级别高于自己的人也不宜称呼英文名。

注意：称呼下面最好要有问候语，应换行空两格写。最简单的问候语：英文邮件写"Hi"；中文邮件写"你好"或者"您好"。

③ 得体书写内容。

a. 语言要流畅，语气语调要恰到好处，要尊重对方，"请""谢谢"之类的词语要经常出现；

b. 要避免书写中出现拼写错误和错别字，注意使用拼写检查，切忌出现太多表情符号，尽量不用大写字母、粗体斜体、颜色字体、加大字号等手段对一些信息进行提示；

c. 内容一般不超过两个页面。如果事情复杂，最好分列几个段落进行说明。内容过多时，应以附件形式寄出，不要直接粘贴。

④ 结尾要有祝福语。

结尾常见的祝福语写法：英文邮件可以写"Best Regards"；中文邮件可以写"祝顺利"之类的，若是尊长应使用"此致敬礼"。

注意：在非常正式的场合应完全使用信件标准格式。祝福语书写格式为："祝"和"此致"紧接上一行结尾或换行开头空两格书写，而"顺利"和"敬礼"则再换行顶格写。

⑤ 不忘结尾签名。

结尾签名应写清楚信息，签名可包括姓名、职务、公司、电话、传真、地址等信息，但信息不宜行数过多，一般不超过4行。

⑥ 准确填写邮箱地址。

不要输错邮箱地址，如要同时寄发他人，则在"抄送"栏准确输入其邮箱地址。要正确使用抄送、密送和分别发送的方法。

⑦ 正确使用附件。

a. 如果邮件带有附件，应在正文里面提示收件人查看附件；

b. 附件应以有意义的名字命名，最好能够概括附件的内容，方便收件人下载后管理；

c. 正文中应对附件内容做简要说明，特别是带有多个附件时；

d. 附件数目不宜超过4个，数目较多时应打包压缩成一个文件；

e. 如果附件是特殊格式文件，应在正文中说明打开方式，以免影响使用；

f. 如果附件过大，应分割成几个小文件分别发送。

⑧ 合理选择语言和格式。

a. 只在必要的时候使用英文邮件。

英文邮件只是交流的工具，而不是用来炫耀和锻炼英文水平的。如果收件人中有外籍人士，应该使用英文邮件交流；如果收件人是其他国家和地区的华人，也应采用英文交流，由于存在中文编码的问题，中文邮件在其他地区可能显示为乱码。对于一些信息量丰富或重要的邮件，建议使用中文。

b. 尊重对方的习惯，不主动发起英文邮件。

如果对方与你的邮件往来采用中文，就不要发送英文邮件给他；如果对方发英文邮件给你，则要用英文回复。

c. 选择便于阅读的字号和字体。

中文用宋体或新宋体，英文就用 Verdana 或 Arial 字型，字号用五号或 10 号字即可。这是研究证明最适合在线阅读的字体和字号。

（2）电子邮件的回复。

① 及时回复。

收到他人的重要电子邮件后，应即刻回复对方，这是对他人的尊重。理想的回复时间是 2 小时内，对一些紧急、重要的邮件来说更应如此。

对每一份邮件都立即处理是很占用时间的，对于一些优先级低的邮件可集中在一特定时间处理，但一般不要超过 24 小时。

如果事情复杂，无法及时确切回复，那至少应该及时地回复"收到了，我们正在处理，一旦有结果就会及时回复"。要及时做出回应，哪怕只是确认一下收到了。

如果正在出差或休假，应该设定自动回复功能，提示发件人，以免影响工作。

② 进行针对性回复。

当答复问题的时候，最好把相关的问题抄到回复的邮件中，然后附上答案。不要只是简单地答复，应该进行必要的阐述，让对方一次性理解，避免反复交流，浪费时间和资源。

③ 回复不得少于 10 个字。

对方给你发来一大段邮件，不能只回复"是的""对""谢谢""已知道"等字眼，这是非常不礼貌的。

④ 不要就同一问题多次回复讨论。

如果收发双方就同一问题的交流超过 3 次，就只能说明交流不畅。此时应采用电话沟通等其他方式进行交流，再做判断。电子邮件有时并不是最好的交流方式。

对于较为复杂的问题，多个收件人频繁回复，发表看法，将导致邮件过于冗长笨拙而不可阅读。此时应及时对之前讨论的结果进行小结，删减冗杂内容，突出有用信息。

⑤ 区分单独回复和回复全体。

如果只需要一个人知道，单独回复给他一个人就行了；如果对发件人的回复应该让大家都知道，则应回复全体；如果对发件人提出的问题不清楚，或有不同的意见，应该与发件人单独沟通。

⑥ 主动控制邮件的来往。

为避免无谓的回复浪费资源，可在文中指定部分收件人给出回复，或在文末添上以下语句——"全部办妥""无需行动""仅供参考，无需回复"。

5.2.6 课后任务布置

（1）实物邮件寄发的基本程序是什么？
（2）电子邮件寄发要注意哪些基本规范？
（3）课后实训。

情景描述：在董经理的办公室里，董经理收到一封客户对公司业务能力提出意见的信函，他要求李秘书根据信函的内容尽快合理回复，并以最快速度发出，保证对方也能够在最短时间内收到这封信函。

请详细描述李秘书从整理信函到寄发信函的全过程，并分组模拟：学生按每组2人，分成若干组，分别扮演董经理和李秘书，在一个模拟办公室中演示口述、整理和寄发信函的全过程。其他学生对演示的结果进行评议。

本节思维导图如图5-5所示。

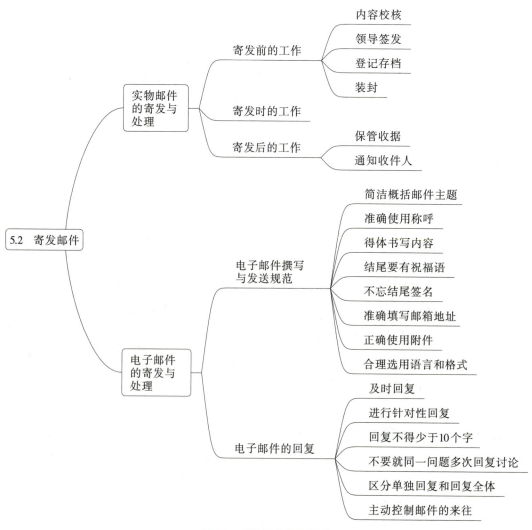

图5-5 寄发邮件思维导图

知识拓展

电子邮件如何正确使用抄送、密送、分别发送

要正确发送电子邮件，还应正确区分抄送、密送和分别发送的功能。只有熟练掌握并正确运用这些功能，才能使工作顺利进行。

1. 邮件保密度不同

抄送不仅能让收件人看到邮件，还能让收件人看到其他收件人的地址，知道邮件被发送的人群。

密送则能够让各个收件人只看到邮件，而不能看到其他收件人的地址。

分别发送则让每个收件人收到单独发送的邮件，无法确认该邮件内容是否被发给其他人。

2. 性质不同

抄送和密送是一对多发送邮件，但抄送的收件人之间相互知道，密送的收件人之间则互相不知道。分别发送则是一对一地发送邮件，收件人之间互相不知道。

举两个简单的例子来说明。

例1：发件人在将某封邮件发送给A的同时，抄送给了B和C，密送给了D和E。

其结果便是收件人A可以看到这封邮件在被发件人发送给自己的同时还抄送给了B和C，但他不会知道D和E也收到了该封邮件。

收件人B和C将看到这封邮件是发件人发送给A的，自己是被抄送的一方，并且除自己外，还有另一人（C或B）也收到了该封邮件。

收件人D和E在收到邮件的时候，通过邮件的抬头将看到，本封邮件是发件人发送给A，并抄送给了B和C的。但由于D和E是密送人，其并不能看到除自己外，发件人还密送给了哪些人。

例2：当发件人需要向多人公开发送邮件时，其可以选择分别发送，也可以选择抄送邮件。

如果发件人在发一封邮件时选择抄送给A、B、C、D、E五人，则五位收件人在收到邮件时，都可以通过该邮件的抬头看到其他收件人的存在。

如果发件人在发送这封邮件时选择了分别发送给A、B、C、D、E五人，则五位收件人在收到邮件时，通过邮件抬头看到的结果与我们日常收到的一对一的邮件无异。

在了解了"抄送""密送""分别发送"功能的不同后，相信大家用起来也更容易了。

例如，作为行政部门，寄发一封通知公司全体同事晚上有聚餐活动的邮件时，与分别发送相比，抄送邮件更适合；一封节日的问候邮件，虽然收件人一定不唯一，但这时选择分别发送远比选择抄送要更合适。

资料来源：根据网络资料整理。

第六章

微平台管理

知识目标

1. 了解微平台管理的含义；
2. 了解工作微信管理和微博运营的主要方法。

能力目标

1. 掌握工作微信管理的基本技能；
2. 掌握微博运营的基本技能；
3. 能够熟练、正确地通过微平台处理各种信息，帮助自己更好地进行日常事务管理工作。

6.1 工作微信管理

6.1.1 情景导入

某家猎头公司在微信中同某企业张经理确认收费方式，李秘书负责处理，但她却未能及时跟进合同的补充条款的签订，一个月后李秘书因私事离职。合同到期时双方因收费方式产生分歧，该企业无法确认微信信息。因为个人资料容易被复制，通信记录容易被删减，微信记录至今并不能被作为商业行为的证据，所以目前微信记录在职场中仍然不可以被当作法律文件。该企业只能按合同上的协议收费，导致款项不能按计划收回，严重影响了后期项目的顺利进行。

6.1.2 情景描述

吴某是某公司新聘的总经理实习秘书，刚来公司上班，总经理要求她尽快熟悉公司业务，并告诉她明天上午9点要在会议室召开中层领导会议，让她组建一个中层领导微信工作群，还要发布相关通知和上传文件。如果你是吴某，该怎么操作呢？

6.1.3 任务分析

作为一种即时通信软件，微信以其功能实用、操作简单、界面友好等特点博得了广大用户的青睐，逐渐成为信息化社会中处理公务的重要渠道和平台之一。而在职场上，微信更是必不可少的沟通软件。然而微信所带来的困扰也随之而来，如信息发送不当、文件泄密等现象的出现，影响了工作的顺利进行。

因此，对于秘书人员来说，在工作中正确使用微信是非常重要的。党的二十大报告强调，要"增强全民国家安全意识和素养"，秘书人员在使用微信工作的过程中要形成网络安全意识，为此，要清楚地了解微信的一些基本操作规范，比如：如何正确发送工作信息，如何群发消息，如何上传或下载文件，如何使用截图功能，等等。

6.1.4 知识准备

1）微平台管理的含义

微平台管理，是指通过微信和微博等平台进行信息处理和传送的管理方式。

2）微信的含义

微信是一个即时通信软件，它可以通过网络快速发送和接收语音、视频、图片和文字等内容，支持多人群聊。

3）工作微信管理

工作微信，就是专门为工作创立的微信，在工作微信上加的好友往往都是一些工作中的朋友。工作微信的群聊往往是一些工作交流群，朋友圈内容大多数是一些工作方面的分享，而不是日常生活分享。

企事业单位为了规范工作微信的使用，一般会制定工作微信管理制度，防止因微信使用不当对本单位造成不良影响。

6.1.5 任务实施

微信无处不在，那么怎样利用微信来为我们的工作服务呢？秘书吴某在完成工作时可参考以下内容。

1. 建立工作群

建立工作群需要先加与工作群相关的工作人员的微信，然后把大家拖到一个群里。具体操作方法很简单：

① 点击微信首页下方的"微信"；
② 点击右上角的"+"；
③ 点击"发起群聊"；
④ 选择朋友（在左边相应的框中打钩）；
⑤ 点击右上角的"完成"。

这样就建立了一个工作群，如图 6-1 所示。

图 6-1　工作群的建立

因为是工作群，建好后，可点击右上角的"…"（见图 6-1 右上角），会弹出一个新的页面，可点击"群聊名称"，为工作群命名，完成后，点击"确定"即可。

设定好群聊名称后，可以在"群公告"处写上本群的一些要求，比如：为了方便联系，请本群成员将网名改成真实的姓名。

因为是工作上使用，手机输入文字和阅读文件不方便，建议使用工作群的人员安装"微信电脑版"，在电脑上操作。安装方法：直接在网页上搜索"微信电脑版"，点击下载，安装，然后"登录"，手机确认后，电脑版微信就可以使用了。

2. 使用工作群

（1）发送工作信息。
① 基本要求。
a. 称谓恰当礼貌。称谓要表达清楚工作信息接收方的身份，并体现礼貌原则。

b. 首句反映主题。首句就应点明主题，旨在帮助接收方及时、高效地读取信息。

c. 内容简洁、有条理。内容较多时可分点说明，尽可能用一条信息容纳全部内容，减少信息往来次数。

d. 尾语按需设置。如果是重要通知，可在结尾处注明"收到请回复，谢谢！"如果没有收到回复，有必要时可打个电话进行确认。

e. 署名明确勿漏。结尾处署名既尊重对方，又显得正规。

② 用语原则。

用语应礼貌、规范、温和。

③ 内容规则。

a. 内容应与公务有关。

b. 简明扼要，突出要点。

c. 切忌过于口语化。

④ 使用规则。

a. 发送时间应恰当。最好在工作时间发送，以保证信息接收方及时处理。

b. 知悉发送限制。

c. 不得滥发信息。要做到"三禁止"：禁止发送与公务无关的信息；禁止群发广告或非法信息；禁止对无关人员发送信息。

注意：微信工作群有一个@功能，可以提醒群里的所有人或某个人查看信息。直接在输入框里输入@符号，就会自动跳出群里的成员，这时点击成员名字，即可实现@功能，然后输入要发送的内容发送即可。

（2）上传或下载文件。

在工作群中上传或下载文件，都很方便。电脑版微信相比手机版，功能多一些。电脑版微信的聊天框左下角有四个图标，分别代表不同的意义，从左至右，分别是表情、发送文件、截图和聊天记录。对于工作人员来说，这些功能都是必须掌握的，尤其是在上传大型的文件，或者用截图说明问题的时候特别有用。

上传文件时，直接点"文件"图标，会弹出一个显示路径的对话框，然后勾选相应文件，点击"发送"即可。

下载文件也很简单，直接在接收的文件上点击鼠标右键，在弹出的菜单中选择"另存为"，存在相应的路径下，就可以自由使用了。

3. 微信其他功能的使用

（1）微信如何群发。

① 首先点击右下角菜单，进入个人页面。点击"设置"按键。

② 进入到设置界面之后，可以看到"通用"按键，点击进入。

③ 在通用菜单中，看到"辅助功能"按键，点击进入。

④ 可以看到功能里面有些未启用的功能，找到"群发助手"点击即可。

⑤ 启用群发助手之后就可以看到"开始群发"的按键，再点击"新建群发"就可以开始新建群发信息了。

⑥ 选择需要群发的好友，勾选之后点击"选中"。

⑦选好后，编辑想发送的内容，点击"发送"，就发送成功了。

（2）如何开启提醒功能。

微信有一个"提醒"功能，这个功能在工作中非常有用。在任何一条信息或接收的文件上长按，就可以看到"提醒"的字样，如图6-2所示。

图6-2　微信如何设置"提醒"功能

点击"设置"之后可设置一个提醒时间，到了设置的提醒时间，微信的"服务通知"里会弹出信息，提醒你查看该信息内容，通知"提醒"时的界面如图6-3所示。

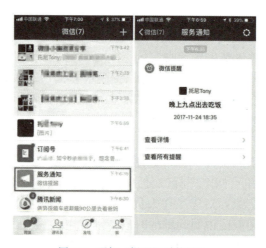

图6-3　通知"提醒"时的界面

这个功能在工作沟通中，有两个应用场景。一个是重要信息需二次提醒，比如明天的会议、重要的电话等。另一个是在工作时收到消息，不想立刻处理，又怕以后忘了，或者收到文件只保存却还未查看时，都可以用"提醒"功能。

4. 给领导发微信的注意事项

发微信是我们当下日常生活中再普通不过的小事，在职场中却是一件必须被重视的大事。尤其对于秘书人员而言，在与领导进行微信沟通的过程中，怎么发送信息，通过什么方式发送，如何让领导看得明白、看着方便，是必须思考和做好的一项重要工作。

（1）能打字就不要发语音信息。

在使用微信与领导进行工作交流时，最重要的是清晰、准确地传达信息。此时，文字便具备了无可比拟的优势。秘书人员如果出于习惯或为了自己方便而选择发语音信息，往往会给领导带来诸多不便。

① 收听语音信息易受到干扰。如果领导正在处理其他事务或周边环境较为嘈杂，收听语音信息的效果肯定不佳。

② 语音信息对收听环境有较高的要求。如果遇到会议等某些无法正常使用手机的场合，极易造成当众外放不合适、听筒模式听不清的尴尬局面。

③ 语音信息处理时间长。若信息量较大，领导则需要拿出同样甚至多倍的时间去处理语音信息，白白浪费了时间。

④ 语音相较文字不易被归纳和反复观看。由于微信不支持语音快进与暂停等功能，一旦中断收听就只能再听一遍。

⑤ 语音转换文字无法尽如人意。口音、翻译等造成的语句断裂、错字更是屡见不鲜。

⑥ 发送语音信息可能会因为网络状况、发送环境等产生卡顿、不清晰等情况。

所以，发送语音信息看似"高效"，实则是"方便了自己，难为了领导"。当然，只要选择好合适时机，偶尔发发语音信息也未尝不可。

（2）文字内容务必排版。

给领导发送微信一定要条理清晰、简洁明了。一段严谨规范的信息能让领导在阅读时瞬间就抓住重点、看到关键，这既为领导处理信息节约了时间，也为你尽快收到领导的"回复"抓住了主动权。

做好以下两点，你将获得事半功倍的体验：一是要为内容编号，无论是使用数字1、2、3，符号①、②、③，还是第一、第二、第三，都能使信息的条理更清晰，这不用耽搁多少时间，就能轻易实现；二是在编号的基础上，要适当空行与换行，这个小小的举动可以方便领导理清信息。

比如以下信息就有不妥之处。

座谈并观看公司宣传片，我们需要准备：1.企业简介；2.产品图册。另需布置会场、安排保障车辆等。

这一信息并不能让领导快速理解，假如按上述要求调整一下版面和内容，就会有更好的效果，调整后的信息如下所示。

张总好！下周三，××公司董事长将到我单位探讨相关商业合作事宜，我已按对方需求做了如下准备。

日程安排：
① 参观a车间、b中心；
② 会议室观看宣传片、座谈。

材料准备：
① 企业简介；
② 产品图册。

会场布置、车辆保障等工作按标准流程进行。

妥否，请您批示！

这样一来，信息的层次感、简洁度和工作安排的条理性同之前相比高下立判，同时也便于领导发现安排细节中的不足，并提出改进意见，对高质量完成工作的好处不言而喻。

（3）传输文件时最好配上简介或摘要。

微信强大的文件传输功能给工作带来了极大便利，但是秘书人员如果一股脑地把各类电子文档发送给领导而不加解释，会让领导不明就里，甚至会让领导觉得其办事唐突。此外，由于每个人所使用手机的型号、操作系统不大相同，文件传输后产生的格式错误、乱码、加载速度缓慢甚至无法打开等问题更是常有发生。

因此，秘书人员需要提前通读文件，将关键事项、要求等要点加以提炼后以文字形式发送给领导，这既能锻炼秘书人员的文字概括能力，又能让秘书人员协助领导做好事务安排。例如，当秘书人员接收到一份需要领导参会的通知，而短时间内又无法面呈领导时，可将文件以电子文档的形式发送给领导，并配上以下简介。

王总好，刚刚收到××单位邀您参会的通知，需于今日下午5点前报送参会信息，您是否需要参会？（详情请您查阅上方××文件）

会议名称：××研讨会。

时间：8月25日（周五）。

会期：全天。

地点：××会议中心。

要求：着正装、提前30分钟入场……

如此稍作说明，领导便可通过文字大概知晓文件主要信息，及早做出决定，给予反馈。即便文件传输出现一些非人为的纰漏，也只需重新发送一份即可。同样，无论是发送图片还是视频等均可按上述方法操作。

（4）语气词和肯定句要常用、用好。

秘书人员与领导的线下沟通交流几乎是不存在任何障碍的，若将场景切换到线上，有些看似无关痛痒的"文字"表达却比现场"声、像、形"的传达少了很多语言影响力和情感扩张力。下面就日常场景举例。

① 领导交办临时任务。

李总："小万，10分钟后有客人来访，请布置接待室。"小万回复："好""嗯"或者"哦"。

显而易见，小万的回复表示收到或明白了领导的意思，但是如果换成"好的。马上进行布置！"或者"嗯。现在就来布置！"或是"哦。立刻准备布置！"等表达，领导对其工作态度的主动性和完成任务的及时性就会有截然不同的感觉。

② 领导安排布置工作。

王总："小徐，下周一召开生产安排会，请收集汇总各部门资料。"小徐回复："好""嗯"或者"哦"。

看似正常的回复，在此场景下却变得有些不是"滋味"，领导有何感受更是无法推测，然而一旦换成"好嘞，本周内一定完成！"等表达，这种让领导放心的精神状态和工作态度也就自然寓于字里行间。

（5）感叹号要慎用，句号要讨巧。

标点符号作为帮助人们准确地传达思想感情和理解书面语言的重要辅助工具，在微信中同样不可或缺。在使用标点符号时，秘书人员尤其要留意感叹号和句号的使用。

感叹号作为感情表达较强烈的标点符号，在秘书与领导的交流中，一般适用于向领导"报喜"或表达自我情感波动的情况，比如："李总，我公司××比赛荣获一等奖！我也荣获先进个人，感谢您的鼓励和支持！"或"今日未能按时完成任务，请您批评！"等。

而不适用于"请示""重要事项提醒"等场景。比如:"收到急件!请您查阅!""您的航班将于上午 9 点起飞!"这难免有些"强迫""命令"领导的意味,此时最好使用句号。

由于微信不支持"加粗""色彩"等功能,"【】"符号是一个很好的替代选择,比如,"收到【急件】,请您查阅。""您的航班将于【上午 9 点】起飞。"

(6)微信表情使用要适度,坚决拒绝使用浮夸恶搞的表情包。

微信表情,作为微信文本交流外的"霸主",使用好了有利于秘书人员拉近与领导的心理和情感距离;不区分交流场景、不加节制地滥用表情,则随时有可能让领导对你的良好印象土崩瓦解。要想在与领导交流的过程中正确自如地使用微信表情,掌握好以下几个窍门十分必要。

① 尽量不主动使用表情。毕竟再"正式"的表情也有"偷懒""不愿打字"的嫌疑。

② 正确使用领导"偏好"的表情。这就需要对领导在不同场景下高频率使用的表情加以收集和整理,并对应场景使用。

③ 不滥发表情。在与领导对话时全靠表情交流既不礼貌又易使人厌烦。

④ 懂得自尊自爱。坚决拒绝使用各种浮夸恶搞的表情包,除非你想挑战领导的"底线"。

总而言之,秘书人员在与领导进行微信交流的过程中,不仅要把握好技巧,而且要坚持"让自己多做一些,让领导方便一些"的理念,这不仅是秘书工作的一种态度、一种方法,更是在各项看似普通的秘书工作中不断提升自我工作能力的不二法宝。

6.1.6　课后任务布置

(1)微信的基本功能有哪些?

(2)发送工作信息时要注意哪些基本要求?

(3)课后实训:建立不同的工作群,学会编辑工作微信,如会议通知、给领导发送的工作信息等,学会上传相关文件。

本节思维导图如图 6-4 所示。

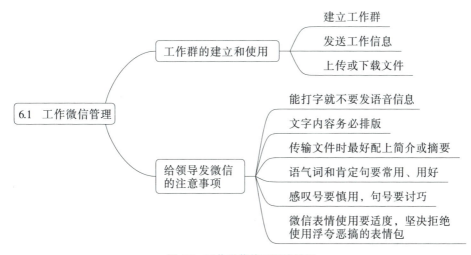

图 6-4　工作微信管理思维导图

知识拓展

1. 使用工作微信时的注意事项

（1）收到信息要及时回复。

在微信中收到信息要及时回复，或许有些信息不好回答、不会回答或者不知道怎么回答，但是有一个收到信息的基本回复还是非常必要的。

（2）别人没有回复信息不要先做假设。

有些时候发了信息很久都没有得到别人的回复，这个时候不要去假设对方是故意的，有可能对方没有看到，或者是太忙一时来不及回复。这个时候如果是着急的事情就换个方式进行沟通，例如打电话。如果不急就将相同的信息再发一次。

（3）知道什么时候不使用微信。

紧急的时候，或者需要复杂讨论的时候，都不适合用微信来沟通。这时使用微信不仅会耽误时间，还不容易产生成果。

（4）不需要在工作群里讨论的内容不发群。

发信息前先判断讨论的内容是否需要让工作群里每个人都知道，还是仅需要私聊。不需要让大家都知道的事情不必在工作群里说。

（5）注意在工作群里的语气。

在工作群里发言的时候一定要特别注意语气，尽量不要有指责性或批评性的语气出现。指责性与批评性的语气只会增加对抗而无助于沟通（指责与批评需要私聊）。

（6）避免发送敏感信息。

所有敏感话题都不适合在微信中讨论。假如对方提起敏感话题，例如合同金额、高管薪酬、公司重要事项等，但凡列入公司保密协议范畴的，应礼貌拒绝，马上退出对话。

避免发送保密文件。如果只是告知合同已发，可以用微信发送。如果一定要发送保密文件，请给文件加密。密码通过其他渠道发送。

（7）不要直接截屏对话框，转发图片。

讨论一些重要信息时，若要分享给第三人，首先要取得相关人员同意。最好是自己整理文字后发出，不要直接截屏。

如果截屏，一定把对话框上方的微信名、头像裁剪出去。如果对话中泄露个人信息，如职务、身份证件、银行账号等，也要裁剪出去。如果在不需要提供这些信息的场景下，对方发过来，则应提醒马上撤回或者删除。

2. ××公司微信工作群管理制度示例

（1）目的。

为更好地加强群员之间的沟通联络，提高沟通效率和工作效率，特制定本制度。

（2）适用范围。

本制度适用于××公司建立的微信群。

（3）基本要求。

① 指定微信群名及群管理员，明确群内人员、微信发布内容要求。

② 群成员一律实名制。

操作方法：进入微信群后，点击屏幕右上角图标，在打开的菜单中对"我在本群的昵称"进行修改即可。

命名规则：所在公司＋部门职位＋姓名；例如："××公司××部张三"。

③ 群内分享信息严格保密，严禁转发给非相关人员。

④ 禁止在群内发布有害信息；少发语音信息，语音信息可用文字信息代替。以上行为如有发生，将对当事人进行相应的处罚。

⑤ 不相关人员禁止入群。

本制度自发布之日起执行。

××公司

×年×月×日

资料来源：https://www.yjbys.com/zhidu/2631780.html[2024-05-21].

6.2 微博管理

6.2.1 情景导入

发微博不慎泄露公司机密

张某是一个"90后"，她在某公司从事智能手机的研发工作。公司在劳动合同中约定：一旦泄露公司核心机密，公司有权解除劳动关系并要求赔偿。

张某爱玩微博，某日，她将实验室自拍照片发至微博，照片背景中有一款公司新研发的智能手机机型。照片被大量转发，导致该款机型提前曝光。公司将张某辞退，并要求其赔偿。

法官说，保密义务是劳动者对用人单位忠诚义务的延伸。《中华人民共和国劳动合同法》规定，用人单位与劳动者可以在劳动合同中约定保守用人单位的商业秘密和与知识产权相关的保密事项。违反保密义务给用人单位造成损失的，劳动者应进行赔偿。

"90后"爱用微博、微信等，但很多商业信息也易通过网络被泄露。职场新人应提高保密意识，避免因一时疏忽给用人单位和自身都带来损失。

微博虽然是一个分享个人日常生活的应用软件，但是如果使用不当，同样会给自己的正常生活和工作造成严重的不良影响。

资料来源：http://news.sohu.com/20121217/n360665181.shtml[2024-06-11].

6.2.2 情景描述

小姚初入职场不久，她是一家商贸公司的行政文员。早在大学时代，她就开通了微博，并由于经常转发一些能够抓住粉丝心理的小段子、微话题，获得了很高的关注人气。老板得知后，对微博也产生了兴趣，让小姚教他建立一个个人微博账号，自己也可以随时发一发动态，或者和客户互动一下，促进双方之间的合作。小姚很快把个人微博的注册和运营方法告诉了老板，并说自己想通过微博帮助公司进行营销，向老板提出了微博营销的建议。老板起初并没有对此产生太大的兴趣，但见小姚热情满满，就口头授权她帮公司注册一个微博并具体负责运营。

获得老板许可后，小姚先是建立了一个企业微博，希望利用自己长期积累的吸引粉丝的经验，找到目标客户并与之互动。后来，小姚又思考了企业微博和个人微博的异同，潜心学习企业微博营销技巧，渐渐地获得了一些有效的行业信息和客户资源，企业微博的关注度也越来越高。

6.2.3 任务分析

2023年，微博的月活跃用户数已经达到5.98亿，流量巨大，不容小觑，企事业单位要顺应互联网的发展，就离不开微博。另外，微博不仅是一个公开的圈子，更是一个很好的公关渠道，相对于公众号来说，每天发布次数不受限制，更加灵活自由。对于普通人来说，开通微博便于我们记录和分享生活。对于公众人物来说，他们可以借此打造个人品牌，积累影响力。而企业微博主要用于宣传、推广，有的还用来调查市场、征询公众建议、招聘人才等，它有着一定的广告效应，具有盈利性。

个人微博和企业微博两者虽然服务对象不同，但在建立和运营方法上有许多相通之处。

首先，我们要学会注册个人或企业微博账号。个人微博账号注册较简单，而企业微博注册相对来说更复杂些。

其次，我们要了解个人或企业微博运营的基本流程。个人微博发布内容更自由，运营相对来说更简单，而企业微博运营要求更高，这就要求相关运营人员对基本流程相当清楚。

最后，要想让微博关注度高，必须掌握微博的运营技巧。

在互联网时代，微博越来越彰显出其重要性，甚至有越来越多的企业通过微博来进行网络营销。那么，小姚应如何运营好个人微博和企业微博呢？

6.2.4 知识准备

1. 微博的含义

微博是基于用户关系的社交媒体平台。用户可以通过计算机、手机等多种移动终端接入微博，以文字、图片、视频等多媒体形式，实现信息的即时分享、传播。

微博基于公开平台架构，提供简单、前所未有的方式，使用户能够公开实时发表内容，通过裂变式传播，让用户与他人互动并与世界紧密相连。微博改变了信息传播的方式，实现了信息的即时分享。

2. 微博的类型

按照用户的类型可以把微博分为以下几类。

① 个人微博：用户发布的内容基本都是分享日常生活的，生活气息浓厚。个人微博记录的内容较简短，可以是三言两语，发发感慨，晒晒心情。

② 组织机构微博：组织机构微博可以通过微博平台推广和宣传自己的服务或产品，提高自己的影响力和知名度。

③ 政务微博：主要指代表政府机构和官员的、因公共事务而设的微博，是用于收集意见、倾听民意、发布信息、服务大众的官方网络互动平台。其建立的目的主要在于通过与公众的良性互动，搭建一个社会化参政、议政、问政的网络交流模式与平台。

④ 企业微博：企业微博是个新的概念，它是一个基于客户关系的信息分享、传播以及获取平台，企业可以通过微博更新企业信息，并实现即时商业信息分享。

本节主要介绍个人微博和企业微博。

3. 微博的特点

（1）信息发布门槛极低。

微博赋予用户的信息发布权利非常平等。微博内容限制很少，所见所闻，所思所想，生活琐碎和宏大主题均可发布。因此，微博往往是每个人的"第一个新闻发言人"。

（2）随时随地传播信息。

微博真正使用户可以随时随地发布和接收信息。用户不仅可以上传文字，还可以上传图片和视频。

（3）传播方式呈裂变形态。

微博的传播路径有两个：一个是"粉丝路径"，A发布信息后，A的粉丝甲、乙、丙、丁等都可以实时接收信息；另一个是"转发路径"，如果甲觉得A的某条微博不错，他可以"一键"转发，这条信息便立即同步到甲的微博里，同时，甲的粉丝都可以实时接收信息。以此类推，便可以实现极速传播。

（4）信息交互简便快捷。

除了关注和转发功能，新浪微博还有评论功能、回复功能、私信功能，这些功能为用户之间的信息交互提供了保证。有时一条有价值的、有趣的信息会被转发上万次。

6.2.5 任务实施

微博是时下比较流行的交流与表达的工具，以新浪微博为例，小姚可以参考下文内容快速建立微博账号、运营个人微博和企业微博。

1. 个人微博的建立与运营

（1）注册账号。

登录 https://weibo.com/signup/signup.php，注册微博账号。在"个人注册"下输入手机号、生日，输入激活码，点击立即注册。

（2）运营方法。

① 做好微博定位。

想要做好微博运营，就需要定位好自己账号的属性，不要今天发布吃播的内容，明天发布美妆的内容，这样不仅会造成用户的流失，还会出现权重的下降。

② 彰显个人风格。

只有能彰显出自己独特风格的微博，才能引起别人更多的关注。因此，在注册完微博后，先别着急发布内容，要先将自己的资料填写完整，起码要让别人知道这个微博是

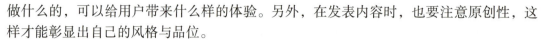

做什么的,可以给用户带来什么样的体验。另外,在发表内容时,也要注意原创性,这样才能彰显出自己的风格与品位。

③ 寻找热点话题。

微博从来不缺少热点话题,所以想要运营好自己的微博账号,就要学会紧跟热点话题。大部分的优质账号都会去紧跟热点话题,并找到与自己账号类型的连接处。发布人们最关注的话题,可以使微博的热度上升。关注的人多了,粉丝量自然也会上升。

④ 注重内容质量。

优质微博账号的内容多是新颖有创意的。微博的内容包含各种类型,例如视频、问答、投票等。投票、问答会增加博主和粉丝的互动量,从而提升博文质量。

发布视频要特别注重视频的质量。视频的质量主要是指视频画质的清晰度,内容的质量等,同时还要保证视频的原创性。视频的画质清晰度要高;视频内容一定要紧密联系文案、标题等,否则会对账号有所影响;视频的时长不宜过长或过短,过长显得枯燥乏味,过短则无法展示出要表达的东西。

当然,视频的文案也要保证质量,字数不宜过多,文案只是引导粉丝观看,所以应简明扼要地把视频的主要内容叙述清楚。

⑤ 选准受众人群。

微博账号发布的内容还要考虑受众人群。

⑥ 加强微博互动。

微博也是一个社交平台,想运营好一个微博账号,互动必不可少。加强与粉丝的互动,才能突出微博的实用价值。通过互动,可以加强与粉丝之间的交流,了解粉丝的需求,也可以增强其他用户对博主的信任,从而提高微博的关注度和推广度。

运营个人微博除了运用上述方法,还需要注意:一定要遵守微博平台本身的规则,不要去触及底线,否则严重的话会导致微博账号被封。

2. 企业微博的建立与运营

(1)注册账号。

① 登录 https://weibo.com/signup/signup.php,在"官方注册"下输入邮箱(手机号),设置密码、官方注册微博名及所在地,进行注册。注册后在登录选框内,输入企业微博的账号及密码,登录该账号。

② 点击账号后面的设置图标,并选择"微博认证",进入认证界面;在微博认证体系中,选择"机构申请认证"的官方认证。点击下方的"去认证",进入企业认证页面。

③ 选择企业认证页面中的"立即申请企业认证",根据页面提示,正确填写企业认证的资料及运营者个人信息,上传企业营业执照和认证公函。资料需真实有效,不能弄虚作假,否则认证不会通过。

④ 资料上传完毕后,点击"下一步"。根据企业的需求,选择符合自己需求的权益,并点击立即购买;支付相关费用后,即进入审核阶段。

⑤ 审核结果会通过微博小秘书私信告知。如果认证没通过,也可以根据失败提示,重新修改资料再进行认证。

（2）运营方法。

① 勾画企业形象。

设置企业微博的简介，让别人通过企业微博首页就可以了解企业的基本信息并产生信任感，如品牌名称、核心产品、独特优势等，此后应发布若干有关企业介绍的微博，再开始寻求别人的关注。

② 微博内容发布。

这是一项持久的、连续的工作，应不断地更新微博内容。同时注意，微博内容的写作和选择至关重要，企业微博虽然以个人操作为主，但在表现方式上应以企业为主体，尽可能避免带有个人情绪的表达方式。

③ 营造微博环境。

尽可能多地参与微博平台的互动活动，因为微博是社会性网络服务的一种形式，独自发布信息而没有别人关注是没有意义的。参与互动的方式包括关注业内重要机构及重要人物、关注与企业相关的行业动态、关注那些关注自己的人，以及转发、评论他人微博等。获得尽可能多的关注，是微博营销的基础。

④ 企业微博推广。

与企业网站推广类似，可以通过电子邮件、名片、印刷品、产品外包装等方式，把企业微博网址告诉更多的用户，同时也可以邀请更多用户加入微博阵营，让大家通过微博实现更好的沟通。

⑤ 放大传播效应。

微博最大的特点之一是，可以通过网络快速实现信息在更大范围的传播。当拥有一定量的粉丝资源之后，通过信息的有效设计（如一定的激励手段），可以实现在粉丝之间，以及粉丝的粉丝之间的放大传播效应。

（3）企业微博运营的注意事项。

① 发言要中肯，切忌说空话、套话。

企业微博内容切忌使用"空话、套话"。因为这样的微博很难吸引用户的注意，而且如果他们在微博中通过"评论/转发"不断质疑，将使企业更为被动。

② 回复时并不是每个问题都必须请示领导。

由于微博 24 小时运行，网友随时会提问出各种各样的问题，如果不能及时回复，很可能被猜疑。若请示领导，领导也难以按所有网友能清楚理解的语言回答问题，因此大多数时候，请示领导只会耽误时间。若遇到难以回复的关键问题，应第一时间联系具体负责人，然后马上回复。次关键问题，则应以微博评论方式回应"收到"，且告知按什么进程处理。一般问题，则建立问答库，由微博值班人员及时回复。

③ 不回避尖锐问题。

由于微博的互动性，企业微博经常会面临一些尖锐问题。简单回避并不能解决问题，反而可能因不断传播而造成负面影响。解决办法：对于个人问题以及其他与企业官方关系不大的问题，可直接回复"不在本微博关注范围"；对于谩骂、质疑等问题，可不直接回应，而是选择适当的时机，以适当的口径陈述观点，以做到不卑不亢，有理有据。

④ 微博内容一定要与企业业务有关。

企业微博对于什么信息能发，什么信息不能发，应该有明确的界定。应保持官方身份，不参与个人活动，但可借用与企业业务有关，或对大部分网友有用的信息，提升企业微博亲和力。企业微博维护人员，切忌在微博上发表一些个人的观点，或对其他内容的看法。

⑤ 注重粉丝质量而不是数量。

粉丝数量经常被作为评价微博账号质量的最重要指标。但这有一个前提，那就是粉丝必须是有效的，如果是"僵尸"粉，实际发布的信息就很难传播出去。粉丝数量远不如粉丝质量关键。必须想办法维系企业的利益相关人，让他们成为粉丝。

⑥ 尽量不委托营销咨询公司维护。

一些营销咨询公司推出了企业微博委托维护业务，他们对传播更了解，可能在传播方面比企业内部人员做得更好。但企业微博最重要的功能是互动，其次是客户维系，这两部分工作，营销咨询公司都很难"代为"完成。企业可以请专家培训内部人员，并在营销咨询公司或专家的指导下运作企业微博，而不是简单委托给营销咨询公司。

⑦ 经营企业微博时要注意保障网络安全。

党的二十大报告强调，要"建立大安全大应急框架，完善公共安全体系，推动公共安全治理模式向事前预防转型"，因此，在经营企业微博时要提前制定网络安全管理预防措施，积极应对出现的网络安全问题。

6.2.6 课后任务布置

（1）微博有哪些特点？
（2）企业微博运营方法及注意事项有哪些？
（3）课后实训：尝试建立自己的个人微博，并发一条与工作相关的微博。

本节思维导图如图 6-5 所示。

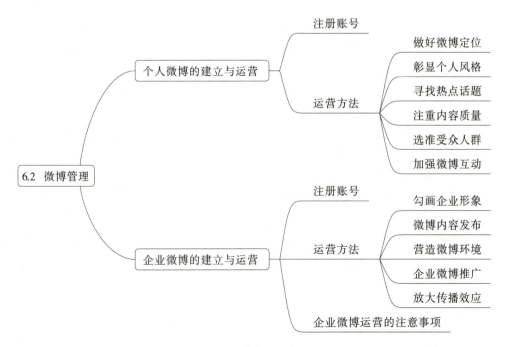

图 6-5 微博管理思维导图

知识拓展

××企业微博管理办法见下方二维码内容。

××企业微博管理办法

第七章

印章和介绍信管理

知识目标

1. 了解印章的作用、种类、式样；
2. 了解介绍信的种类；
3. 了解印章使用和介绍信开具的注意事项。

能力目标

1. 掌握印章使用和介绍信开具的基本程序；
2. 掌握开具介绍信的方法。

7.1 印章管理

7.1.1 情景导入

真假借款案

2004年6月，江苏省无锡市荣某以5份借据，向广东省茂名市当地法院起诉，要求法院判令苏某及其所属矿业公司偿还其886万元的债务。苏某坚称，借据均系荣某伪造，并多次报警。一审判决荣某胜诉，886万元债务全部成立。苏某随后上诉到茂名市中级人民法院，并向新闻媒体求助。2004年7月底，中央电视台新闻频道在第一时间派出记者赴茂名市跟进采访。该案一时成为社会各界热议和关注的重大案件。此案轰动全国并被法学专家称为"中国民间借贷第一奇案"，是典型的因公司印章被盗盖所产生的纠纷。虽然最终企业权利得到了维护，但也付出了巨大的代价。

资料来源：http://zhuanlan.zhihu.com/p/23937964[2024-05-21].

7.1.2 情景描述

李某是某公司总经理助理，管着公司大大小小十几个印章。有一天，公司另外一个部门要给大量的文件盖章，找到李某要借用公司印章，他该如何处理呢？

7.1.3 任务分析

管理和使用印章时，秘书首先要弄清楚印章的作用、种类、式样等，其次要掌握印章的管理原则和要求，最后要牢记在使用印章时要经本单位负责人批准，办理签批手续，不能擅自做主，要严格执行监印制度，对不合法或不合手续的盖章要求有权拒绝或者提出异议，不能违反规定，有求必应，以免给自己和公司带来无法挽回的损失。

7.1.4 知识准备

印章是"印"和"章"的合称。从一般意义上说，"印"和"章"都是信物，只是由于使用者不同而有不同的名称。在古代，帝王用的印章称为"玺"，官吏用的称为"官印"，私人用的则称为"私印"。就目前来说，常用的公司五大印章有公章、财务专用章、合同专用章、发票专用章和法人章。

1. 秘书部门管理的印章

（1）单位的公章，即自单位成立之日起，由上级机关颁发的机构全称公章。
（2）单位主要领导人因工作需要刻制的个人签名章或图章。
（3）秘书工作专用印章，如收发章、办事章、校对章、封条章等。

2. 印章的作用

一般来说，印章具有以下四个方面的作用。

（1）标志作用。各级、各类社会组织除了在其管辖范围内行使职权，必然还会有大量的日常公务和对外往来。为此，社会组织必须有一个区别于其他组织的标志，一般是通过使用法定的名称来加以区别，而这个法定名称又是通过印章来做标志的。在制发文件、接洽业务、签订合同、开具证明等过程中，印章可明确表明该社会组织的合法身份。

（2）权威作用。各级、各类社会组织由于有特定的地位和管辖范围，所以在一定层次和范围内具有权威性。例如，一个学校对其学生就具有约束力，它向学生发出入学通知书，该校学生就必须在规定的时间内报到；一级政府机关对其下属各机关也具有约束力，它发布的各项命令或指示，下属机关必须遵从。上述机关、单位所发通知、决定等都必须加盖印章，因为印章是该单位权威性的象征物。也就是说，一切文件只有加盖了印章才能产生效力。没有印章，文件的权威性就无法证实，也不可能使人们遵照执行。

（3）证明作用。由于印章是某个社会组织合法存在的象征物，因此，它在社会组织的各项工作中具有重要的证明作用。例如，组建一个新的单位，或者更改社会组织的名称，都要有新的印章。这种印章对这个社会组织的职责、权利起着证明作用。又如在对外交往中，出差人员的合法身份也必须由加盖印章的介绍信来证实，出差中的公务活动也因而具备合法性。

（4）凭信作用。既然印章是单位合法性、权威性的象征物，那么，它在工作中无疑具有凭信作用。一切文件，例如信函、合同、协议书以及各种证明等，要使人们真正相信它们具有效力，就必须盖有印章。不盖印章的文件，难以取信于人，因而不能产生效力。例如，学生的毕业证书如果不盖印章，就会失去合法性和有效性。同样，一份公务合同，如果协议双方不盖印章，它的可信性也就不复存在了。

3. 印章的种类

印章按其性质和作用可划分为多种类型，常见的几种公司印章如表7-1所示。

表7-1　常见的几种公司印章

名称	释义	适用范围
公章	是一个公司的正式印章，标明公司法定名称，是公司的标志和象征，具有法定的权威和效力	多用于正式文件和介绍信、证明信等
专用章	是指公司为开展某一类专门的业务而使用的印章，这类印章在印文中除刊有公司的法定名称外，还应刊有专门的用途，如"财务专用章""合同专用章"等	这类印章不代表整个公司，只代表公司下属某一部门的职权

续表

名称	释义	适用范围
法人章	又称手章，它是根据公司主要负责人的钢笔或毛笔亲笔签名制成的印章，其基本作用是以盖章代替手写签名，它代表法人，象征职权，因此具有权威性	银行支票、财务预算或决算、签订合同或协议等，除盖公章和专用章外，还需盖法人章才能生效

4. 印章的式样

印章的式样包括质料、形状、印文、图案、尺寸等要素。

（1）质料。我国古代官印依品级高低分别使用玉、金、银、铜等材料，古代帝王用珍贵玉质，象征其地位。近代公章用过角质、木质材料，现代则多用橡胶和塑料刻制。另有一种专用于贴有照片的身份证明上的钢印。近几年还有将色油或固体色料热压而成的"原子印"和"渗透印"，无须印泥便可连续使用万次以上。

（2）形状。古代官印为正方形。现代机关、单位的公章则为正圆形，用于其他公务（如收发、校对、财务等）的印章也有长方形、三角形或椭圆形的。法人章一般仍为正方形。国际公章多为椭圆形或方形。

（3）印文。按规定印文应使用国务院公布的通用规范汉字，字形为宋体，自左而右环行排列。法人章则由个人书写习惯而定，民族自治机关的公章应并列刊有汉字和当地民族文字。

（4）图案、尺寸。《国务院关于国家行政机关和企业事业单位社会团体印章管理的规定》对我国各类社会组织的印章图案和尺寸做了详细规定。

5. 印章的管理

1）印章的刻制

国家行政机关和企业事业单位、社会团体印章所刊名称，应为法定名称。如名称字数过多不易刻制，可以采用规范化简称。地区（盟）行政公署的印章，冠省（自治区）的名称。自治州、市、县级人民政府的印章，不冠省（自治区、直辖市）的名称。市辖区人民政府的印章冠市的名称，乡（镇）人民政府的印章，冠县级行政区域的名称。

国家行政机关和企业事业单位、社会团体的其他专用印章（包括经济合同章、财务专用章等），在名称、式样上应与单位正式印章有所区别，经本单位领导批准后可以刻制。

印章制发机关应规范和加强印章制发的管理，严格办理程序和审批手续。国家行政机关和企业事业单位、社会团体刻制印章，应到当地公安机关指定的刻章单位刻制。

2）印章的缴销

国家行政机关和企业事业单位、社会团体的印章，如因单位撤销、名称改变或换用新印章而停止使用时，应及时送交印章制发机关封存或销毁，或者按公安部会同有关部门另行制定的规定处理。

3）印章的管理制度

国家行政机关和企业事业单位、社会团体必须建立健全印章管理制度，加强用印管理，严格审批手续。未经本单位领导批准，不得擅自使用单位印章。对伪造印章或使用伪造印章者，要依照国家有关法规查处。如发现伪造印章或使用伪造印章者，应及时向公安机关或印章所刊名称单位举报。具体的印章社会治安管理办法，由公安部会同有关部门制定。

6. 电子签名和电子印章的制作及使用

1）电子签名和电子印章的概念

（1）电子签名。

《中华人民共和国电子签名法》规定，电子签名，是指数据电文中以电子形式所含、所附用于识别签名人身份并表明签名人认可其中内容的数据。其中数据电文是指以电子、光学、磁或者类似手段生成、发送、接收或者储存的信息。

（2）电子印章。

电子印章是实物印章的印模图片与数字证书相结合的产物，加盖电子印章的电子文件具有与加盖实物印章的纸质文件同等的法律效力。外观上，电子印章保留与实体印章相同的视觉效果，符合物理印章的使用习惯与体验。结合CA数字证书，电子印章实现了用印人身份信息的实时可查，提升了人们对印章真伪的鉴别能力和鉴别的及时性。

2）电子签名和电子印章的制作及使用

（1）电子签名的制作。

要制作电子签名，必须向第三方电子签名认证机构提出申请，由认证机构进行审查，通过后颁发数字证书。秘书人员要携带有关证件到认证机构填写申请表并进行身份审核，审核通过后，可得到装有证书的相关介质（IC卡或密钥）和密码口令。使用时需要登录认证机构的网站下载证书私钥，才可在网上操作时使用数字证书。

（2）电子印章的制作和使用。

要制作公司电子印章，秘书人员必须去国家认可的电子印章制作部门，填写单位信息、单位负责人信息、经办人信息、持章人信息、电子印章信息等。个人电子印章需填写经办人信息、持章人信息、电子印章信息等，完成手续后携带相关证明文件去有关管理部门进行审核验证、备案和批准。

（3）电子签名和电子印章的保管。

秘书人员在使用电子签名和电子印章时应妥善保管电子签名、电子印章的制作数据，如果知悉电子签名、电子印章的制作数据已经失密或可能已经失密时，应当及时告知有关各方，并终止使用该制作数据。已经失密未及时告知有关各方并终止使用的，未向电子认证服务提供者提供真实、完整和准确的信息，或有其他过错，给电子签名及电子印章依赖方、电子认证服务提供者造成损失的，所在单位应承担赔偿责任。

7.1.5 任务实施

李某可参考以下步骤完成印章管理的相关工作。

1. 审核用印申请单

秘书在用印前主要审核用印申请单的基本内容，特别是经办人签字、领导签字等重要信息。审核时要注意以下几点。

（1）未经本单位领导批准签字，不得擅自使用本单位印章。

（2）原则上盖哪一级的印章，由哪一级负责人批准。批准应有文字手续，并在印章使用登记表上注明。材料要妥善保管备查。

（3）秘书在用印前，要认真审阅，检查无误并在"印章使用登记表"上登记后，方可用印。

2. 用印并做好登记

用印的方法：在落款处盖章，上不压正文，骑年压月。带有存根的公函或介绍信、证明信要分别盖骑缝章和文末落款章。印油要均匀，印章要端正、完整。

3. 保管好印章的使用、登记材料

秘书要把用印申请单保存好，以便日后查核，并将填写好的"印章使用登记表"保存起来。

印章使用、登记时，要将盖章文件的文件名称、编号、用印时间、用印部门、用印内容、份数等项详细登记（见表7-2）。

表7-2　印章使用登记表

文件名称	编号	用印时间	用印部门	用印内容	份数	批准人	经办人签名	备注

4. 做好印章的保管工作

秘书在做完相关工作后，应将印章保管好。应注意以下几点。

（1）专人保管，如机要秘书保管。保管者不得委托他人代盖印章，更不能自己随意带出或让他人拿走使用。如因事外出，须经批准交他人代管。

（2）存放在安全、有保密措施的地方，柜门上锁，随用随取随锁。

（3）注意印章的保养，盖印章时，下面要衬垫一定弹性的硬橡胶或厚纸等，防止印泥因在坚硬的物体上使用而产生碰损，及时清洗残留的印泥，确保印迹清楚。

（4）如果丢失，必须立即报上级部门，并向相关机构登记，声明作废。

7.1.6　课后任务布置

（1）常见的公司印章有哪几种？怎样才能管理好印章？

（2）印章如果停用，应该如何处理？

（3）为了方便工作，可否携带印章出差到外地？

本节思维导图如图 7-1 所示。

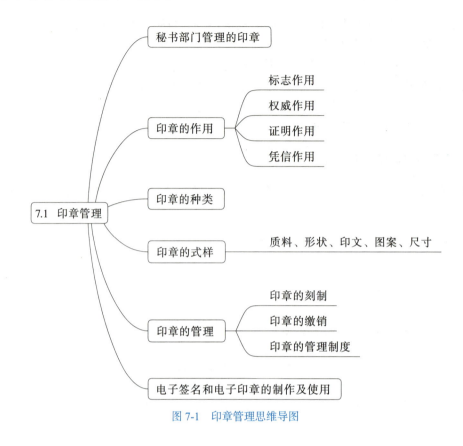

图 7-1　印章管理思维导图

知识拓展

古代印章的分类见下方二维码。

古代印章的分类

7.2 介绍信管理

7.2.1 情景导入

介绍信惹的祸

汪某是科庆公司经理秘书，某日，他高中时的一位老同学林某找到他，说自己有一笔好买卖，但他是个人身份，不如公司签合同方便，想借用科庆公司的名义，让汪某给他出一封科庆公司的业务介绍信，等合同签完后就还给他，并承诺给汪某数目可观的报酬。汪某应允后，林某利用从科庆公司借用的业务介绍信，以科庆公司总经理的身份用科庆公司的名义与东信公司签订了一份钢材购销合同，骗取了东信公司价值一百万元的钢材。林某将钢材卖掉后，携款潜逃。这一件事给科庆公司造成了信誉和财产上的损失。

资料来源：https://www.renrendoc.com/paper/246791479.html[2024-05-22].

7.2.2 情景描述

假如你是某公司的秘书洪某，下午三点，业务部的李某来找你开具一封介绍信，方便他去市场监督管理局进行公司档案内档查询，你将如何开具这封介绍信呢？

7.2.3 任务分析

管理和使用介绍信时，秘书首先要弄清楚介绍信的概念、作用、种类、填写要求等，其次要掌握介绍信的管理原则和要求，最后应注意，使用介绍信要经本单位负责人批准，办理签批手续，不能擅自做主。要严格执行有关制度，对不合法或不合手续的要求，有权拒绝或者提出异议，而不能违反规定、有求必应，以免给自己和公司带来无法挽回的损失。

7.2.4 知识准备

1. 介绍信的概念和作用

介绍信是机关、团体、企事业单位派人到其他单位联系工作、了解情况或参加各种社会活动时用的函件，它具有介绍、证明的双重作用。使用介绍信，可以使对方了解来者的身份和目的，以便得到对方的信任和支持。所有介绍信都要严格管理、严格控制。秘书需要了解介绍信的基本知识。

2. 介绍信的种类

从文面格式来看，介绍信有两种。

（1）书信式介绍信。书信式介绍信是用一般公文用纸（或印有单位名称的信笺）书写的介绍信，具体格式可参考下文。

介 绍 信

××公司：

  兹介绍我公司××、××同志等×人前往贵公司洽谈有关××产品销售的具体事宜，请予接洽为盼。

  此致

敬礼

（有限期×天）

××公司（盖章）
×年×月×日

（2）带存根的印刷介绍信（如图7-2所示）。带存根的印刷介绍信有规定格式，分为存根部分和本文部分，使用时只需填写有关内容。

① 存根部分简填，以便日后查考。
② 本文部分要详细填写。
③ 派人联系办理重要或保密事情时，要注明被派人员的政治面貌、职务。
④ 重要的介绍信需领导过目或在存根上签字。
⑤ 除本文部分需加盖公章外，存根与本文之间的虚线正中也要加盖公章。

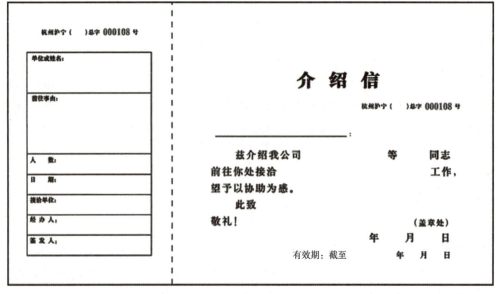

图 7-2　带存根的印刷介绍信

3. 介绍信的填写要求

（1）介绍信的内容要明确具体，不能含糊笼统。介绍去参加会议的，应写明参加什么会议。介绍去联系工作、商洽问题的应写明联系什么工作、商洽什么问题。不要笼统地写"开会""联系工作"等。

（2）要填写有效期。介绍信上一般都有"有效期：截至×年×月×日"等字样。但是，有的单位往往不填，使介绍信成了无限期有效的介绍信。这类情况应避免，宁可有效期较长，也不能不写明有效期。

（3）办公室工作人员要对开出的介绍信负责。若介绍信由别人填写，秘书应核查，看内容是否明确具体，有没有超出其工作范围，本文部分与存根部分记载是否一致等。经检查核对无误后再加盖单位公章。

（4）介绍信开出后未用，应交回保管人员，将本文粘贴在存根上。若介绍信持有人将介绍信丢失，应及时报告，并及时通知前往办事的单位，防止冒名顶替。对空白介绍信要严加控制，特殊情况下开出的空白介绍信，用后多余的应归还。

（5）严禁将单位印章带出或在空白介绍信上加盖单位印章，在单位印章使用中发生问题，按"谁批准，谁负责"的原则追究责任，严肃处理。

7.2.5　任务实施

洪某在开具介绍信时可参考以下管理原则和要求。

1. 审核开具介绍信申请单

秘书主要审核开具介绍信申请单的基本内容，特别是经办人签字、领导签字等重要信息。审核时要注意以下几点。

（1）未经本单位主管领导批准，严禁开具空白介绍信或外借、转卖介绍信。

（2）一封介绍信只能写给一个单位。

（3）秘书在开具介绍信前，要认真审阅，检查无误后方可开具介绍信。

2. 盖章、开具介绍信并做好发放登记

（1）盖章的方法。

在落款处盖章，上不压正文，骑年压月。带有存根的介绍信要分别盖骑缝章和文末落款章。印油要均匀，印章要端正、完整。

（2）介绍信的开具。

① 秘书要填写领用人的姓名、身份、去往何单位、联系何业务、领用日期、有效期等内容。

② 介绍信的文字要简洁明确，使接洽单位一看便知派出人员前去的目的。不要含糊笼统地仅仅写"前去联系工作""商洽有关事项"等。

③ 开具介绍信时，要同时在存根部分上加以记载，要与本文部分一致。

④ 填写要用钢笔、碳素笔或水性笔，书写要工整，字迹要清楚，不能随意涂改。

（3）介绍信发放登记。

带存根的印刷介绍信可在存根上签字，书信式介绍信可在"介绍信发放登记表"上签字（见表 7-3）。

表 7-3　介绍信发放登记表

编号	发放时间	用途	前往单位	有效期	使用人	批准人	领取人	备注

3. 保管好介绍信的申请、登记材料

秘书要把介绍信申请单保存好，以便日后查核，并将填写好的介绍信发放登记表保存起来。

4. 保管好介绍信

秘书在做完相关工作后，应将介绍信放回保险柜锁好。介绍信如果使用不当，或被犯罪分子窃取，将给单位造成损失，也会对社会造成危害。秘书要做好介绍信的保管工作，具体方法如下。

（1）介绍信一般由印章管理人员负责保管，带存根的印刷介绍信通常要专门印制并编号。

（2）介绍信的保管应该和印章保管一样，牢固加锁，随用随开随锁。

（3）严禁开具空白介绍信。

（4）开出后未用的介绍信，应及时催回，粘贴在存根上。

（5）介绍信持有者如果将其丢失，应及时报告部门领导，并告知介绍信管理人员，还应通知前往办事的单位，以防冒名顶替。

7.2.6　课后任务布置

（1）介绍信的作用是什么？
（2）可否给关系要好的同事开具空白介绍信？
本节思维导图如图 7-3 所示。

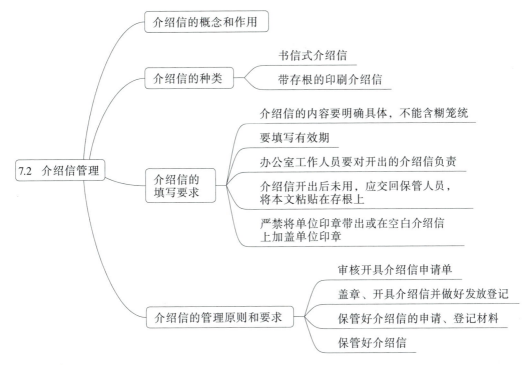

图 7-3　介绍信管理思维导图

第八章

差旅安排

知识目标

1. 了解差旅活动中秘书应提供的服务；
2. 明确差旅计划的拟订方法；
3. 明确预订票务和安排旅行住宿应掌握的信息及注意事项；
4. 明确应携带的物品；
5. 熟悉出境手续的办理程序。

能力目标

1. 能够收集信息、拟订差旅计划、做好旅行预算以及处理有关旅行方面的其他事宜，为领导的商务旅行做好准备工作；
2. 能够独立完成出境申请的撰写，熟悉出境手续各环节办理所需要携带的资料，以及能够为领导出境旅行办理相关手续。

8.1 境内差旅安排

8.1.1 情景导入

张秘书的差旅安排

一天，总经理告诉张秘书，他要到某市去开会，让张秘书陪同。张秘书问总经理坐什么车，总经理说坐火车，赶上开会就行，不用太早，只有一个要求——买软卧票。

张秘书看了看列车时间表，算了一下，坐明天9点的火车就正好，既不用起早又不用贪黑，可以欣赏一路风光，晚上又不耽误休息。张秘书下午买了预售票，就告诉总经理明天在家等着就行了，到时张秘书会去接他。所需物品都准备好了，车也安排了。张秘书就安心回家了。

第二天，张秘书按时去接了总经理，在贵宾室检票，张秘书见贵宾室候车人很少，很是得意。但检票时，张秘书傻眼了，原来买的票不是软卧，是硬座。张秘书回想了一下，买票时只记得算时间，却忘记了总经理买软卧的要求。但时间有限，他们还是上车了。张秘书想去找列车员补软卧票，但列车员告诉他，9点的火车没有软卧，有软卧的是7点出发的火车。虽然总经理一再说没事，但张秘书身上就像背个大麻袋似的，压力太大了。

资料来源：https://wenku.baidu.com/view/6d4a2a39497302768e9951e79b89680203d86ba0.html?_wkts_=1717813851923&needWelcomeRecommand=1[2024-06-12].

8.1.2 情景描述

周二下午3点，李总来电通知秘书小王，他10月8日要到北京参加在北京大学举办的企业家论坛，论坛持续1天；10月9日下午与北京某公司（海淀区）潘总商洽合作事宜，晚上参加该公司的宴请；10月10日走访某部门，了解下季度的相关信息，拜会北京某电器公司领导，进一步洽谈A产品合作事宜，争取签订正式的合作协议；10月11日返回。在此期间，李总还想到公司驻京办事处（海淀区），听取驻京人员明年上半年的工作打算，做些沟通。

办公室主任要求小王做好李总的差旅安排。

8.1.3 任务分析

秘书需要就出差事宜详细地跟领导沟通，准确领会领导意图，以便提供周到的服务。

第一，要明确商务旅行的目的和主要内容：了解商务旅行的目的、地点、时间、人员和事务安排等。

第二，要拟订差旅计划，且一定要得到领导的最后确认。注意商务旅行的时间、地点，适合的交通方式，了解有关地理、交通、票务知识，预订票务和安排旅行住宿。

第三，为商务洽谈搜集资料，准备差旅工作中需要使用的物品，编制差旅日程表。

第四，要为领导报销差旅费。

8.1.4 知识准备

安排领导的差旅工作是秘书日常事务中的一项经常性的工作。怎么为领导妥善地安排差旅事务呢？这需要秘书掌握差旅安排的有关知识。

做差旅准备工作时应注意以下几点。

1. 差旅准备的要求

（1）根据公司规定，弄清领导出差应享受的待遇。准备预订票务时一定要查用最新的时刻表。

（2）安排旅行住宿、预订票务时要考虑领导的个人爱好和习惯。

（3）平时注意学习相关知识，以确保工作的顺利进行。

2. 拟订差旅计划、编制差旅日程表

作为秘书，在拟订差旅计划、编制差旅日程表时应注意以下几方面。

（1）要明确领导商务旅行的目的、地点、时间、到达目的地后的人员和事务安排等。

（2）了解领导对交通工具及食宿的要求，熟悉本单位对出差的有关规定。编制差旅日程表时，向有关服务部门或向旅行目的地享有盛誉的旅游机构索取旅行有关资料，了解当地交通工具的运行情况、旅行路线、旅馆环境。需要中转时，尽量选择衔接时间为2～4小时的班次，以免浪费时间。

（3）差旅计划要按时间顺序编排，做到清楚明了；要考虑领导的身体状况，时间上应留有余地。

8.1.5 任务实施

1. 明确商务旅行的目的和主要相关内容

（1）目的。

不同的商务旅行目的，需要准备的资料也不一样，有时还影响衣着的选择。有时领导的商务旅行目的不止一个，要学会统筹安排，抓住重点。

（2）地点。

一次商务旅行可能要到不同的城市，在一座城市也会到不同的地方活动。公务考察尤其如此，为了使考察的结果更精准，往往需要走访很多地方。秘书要弄清领导到达的地点，越详细、准确越好。

（3）时间。

时间包括启程时间、路途所需时间、抵达时间、各项活动时间、返程时间等。恰当

安排时间是旅行顺利的保障，也是秘书预订票务和安排接送的依据。

（4）人员及事务安排。

明确参加商务旅行活动的人员及其主要任务，对商务活动的内容及性质、有关单位的联络方式等也应有较详细的了解，以便提前做好准备工作。

2. 拟订差旅计划

秘书在拟订差旅计划时，要先熟悉单位关于差旅经费、交通、食宿等级标准的相关规定及流程等信息。一份差旅计划，应着重考虑以下内容。

（1）时间。

一是指旅行出发、返回的时间，包括因商务活动需要到两个或两个以上地点的抵离时间和中转时间；二是指旅行过程中各项活动的时间；三是指旅行期间就餐、休息时间；四是接站时间安排。

（2）地点。

一是指旅行抵达的目的地（包括中转地），目的地名称既可详写（写哪个地区、哪个公司），也可略写（直接写到达的公司名称）；二是指旅行过程中开展各项活动的地点；三是指食宿地点。

（3）交通工具。

一是指出发、返回的交通工具；二是指商务活动中使用的交通工具。

（4）出差内容。

一是指商务活动内容，如访问、洽谈、会议、宴请、娱乐活动等；二是指私人事务活动内容。

（5）备注。

记载提醒领导注意的事项，诸如中转站名称、休息时间、飞机起飞时间、转机机场名称、转机时间；开展活动要注意携带哪些有关文件材料；就餐时应该遵守对方民族习惯；出差区域的天气状况；行程安排、会议计划、会晤人员的名单及背景、会晤主题；差旅费用安排，包括现金准备、外币兑换、旅行支票办理等。

3. 预订票务

（1）选择交通工具。

差旅计划确定后，要根据领导的需要选择交通工具，预订票务。安排交通工具时要注意时间、费用、安全度、舒适度等，具体要考虑以下几个方面：一是旅行地点，包括出发地和到达地；二是合适的启程时间；三是是否需要中转，合适的中途停留地、到达与出发的时间；四是本单位对出差待遇的规定，如不同级别人员出差时可以选用的交通工具及座位等级；五是领导的习惯和喜好。

（2）订票。

订票方式一般有以下几种：一是在车站、机场及售票点等直接购买；二是通过电话预订或在网上预订。任何一种方式，在预订并支付费用后，都要获得对方确认，最好是书面形式的确认，以待查询。

（3）取票。

秘书在拿到所订的票后，要仔细核对预订时所提要求，着重核对航班号或火车班次是否正确，出发时间是否准确，起止地点是否无误，机票或火车票上姓名是否准确，票据是否完整无缺，是否盖有公章。

4. 安排旅行住宿

（1）选择住宿地点。

选择住宿地点主要考虑以下因素。

一是交通方便。要靠近领导的目的地，并且有方便的交通。

二是费用经济。宾馆和房间的等级既要符合公司的住宿标准，又要避免铺张浪费。

三是食宿配套完善，环境清洁。

四是住宿安全。预订时要充分了解住宿地点的条件和设施，以保证领导的人身和财产安全。

（2）预订宾馆房间。

预订方式：可以通过旅行社预订、网络预订、电话预订，也可以通过当地与己方有合作关系的公司预订。预订时要提供住宿者姓名、抵达与退房时间、房间类型及特殊要求。预订后要加以确认。

5. 做好出行前的准备工作

（1）收集目的地的背景资料。

秘书需要有意识地提前搜集目的地的天气情况、交通情况、主要风俗禁忌等背景资料。

（2）准备相关文件资料、物品。

秘书需要为领导准备好相关文件资料、物品，可将文件资料及物品按公用与私用分别列出清单，请领导过目，以免遗漏。

（3）预支差旅费。

差旅费包括往返及当地交通费、住宿费、餐费，以及其他可能的活动经费，秘书要明确各种支出的事项及标准，提前做出费用预算。预支差旅费要执行公司相关财务规定，填写申请单，由领导批准后向财务部门预支，回来后再分项报销。

支付差旅费时，可以采用现金、支票、信用卡等方式。到经济发达的大城市，可以少带现金，用信用卡、电子支付更安全方便。如果是出国旅行，还要提前兑换外币。

6. 编制差旅日程表

差旅计划得到领导认可，完成订房、订票的工作及资料准备工作后，就要着手编制差旅日程表了。差旅日程表根据差旅计划和领导的要求编制，一般比差旅计划更为详尽，秘书要将每日的差旅日程表打印出来并按时间顺序编号，供领导使用。一份周密的差旅日程表应包括时间、交通工具、地点和日程安排，其中，时间应标注清楚日期（某月、某日、星期几）和具体时间；日程安排中除活动内容外，还要写清楚参与活动的人员、具体地点、需要准备的材料等（见表8-1）。

表 8-1 ××差旅日程表

日期	具体时间	交通工具	地点	日程安排	备注
10月5日（星期×）	8:00～10:30	民航班机	广州—北京	出发	
	11:00～12:00		北京	出席分公司业务报告会（需1号材料）午餐	
	15:00～16:00		北京	拜会××公司领导（礼物已准备）	
	16:30～17:30		北京	参观××公司	
	18:00～		北京	晚餐 下榻于××酒店（已预先订房）	酒店电话：××××××××
10月6日（星期×）	9:00～12:00		北京	出席××分公司新技术产品发布会发言（讲话稿为2号材料）	
	12:00～13:00		北京	××分公司的午餐会（××宾馆）	
	15:00～16:00		北京	会见××分公司经理	
	17:20～19:50	民航班机	北京—广州	返回	

7. 跟踪协调领导商务旅行活动

当领导开始商务旅行时，秘书无论是否随同，都要协调好相关事务。

领导动身之前，秘书要仔细检查相关材料和物品，以免遗漏，并安排好送站的车，把领导送上火车或飞机之后，就要立即用电话通知对方接站的时间。

启程以后，如果秘书随同领导出差，就要做好服务工作，办理各项手续，在每天晚上和领导确认第二天日程安排。陪同领导参加活动时，要携带好相关资料，并注意自己的仪容仪表和礼仪。如果未随同领导出差，则要对照差旅计划和差旅日程表中的信息进行同步跟踪，当领导在外地有任何工作需求时尽快协调解决。

领导出差回来时，秘书要安排好接站工作，并及时向领导汇报出差期间公司的主要工作。

8. 报销差旅费用

领导商务旅行归来后，秘书要为领导报销差旅费用。

8.1.6 课后任务布置

（1）为领导安排差旅前的准备工作有哪些？
（2）拟订差旅计划需考虑的内容是什么？

（3）编制差旅日程表时要注意的事项有什么？

本节思维导图如图 8-1 所示。

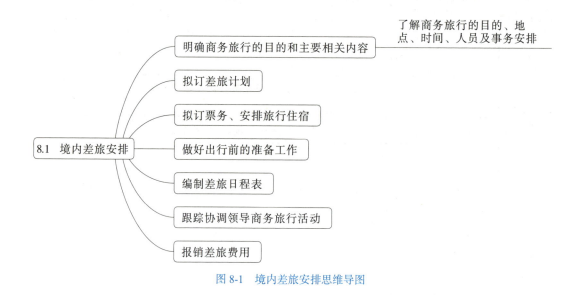

图 8-1　境内差旅安排思维导图

8.2　办理出境商务旅行手续

8.2.1　情景导入

尴尬的行前准备

北京日欣公司的张经理打算到美国洽谈业务，护照办下来以后，由张秘书陪同，一起来到了美国领事馆办理签证手续。在办理签证的窗口，工作人员认真地问询，并详细地做着记录。当问到"是否第一次去美国"时，张经理犹豫了，因为他也记不起来十几年前去的是美国还是英国了，他将不确定的目光投向了张秘书，张秘书建议道："既然您都记不起来了，谁还能记得这些，反正也无所谓的，就算第一次去吧！"十天以后，张秘书接到领事馆的电话通知：美国方面拒签！原因是申请出国的人员所提供的信息不属实。张秘书马上前往领事馆问个究竟，工作人员给予的答复是：张明先生（张经理）本次是第二次去美国，其在申请过程中提供了虚假的信息。

资料来源：卢海燕，2014. 办公室事务管理 [M]. 北京：人民大学出版社.

8.2.2　情景描述

9月的一天，行政部经理交给小王一个任务，让其办理总经理、行政部经理、技术部经理及小王自己共四人的出境手续。原来，前段时间公司收到了日本×公司的邀请函，希望就双方的经贸合作进行洽谈。公司对此次合作非常重视，已多次开会研究具体细节。昨天，公司总经理已确定一个半月后赴东京。小王接下来将办理四人的出境手续，同时他要在出行前告知三位领导出入境时需要办理的手续。小王具体应如何操作呢？

8.2.3　任务分析

当秘书得知领导要出境商务旅行时，首先要为领导办理出境所需证件，如护照、签证等，同时，要做好文件办理工作。然后协助领导办理出境前的各项准备工作。最后办理出入境有关事务。

8.2.4　知识准备

领导为了洽谈业务、访问考察，有时需要出境，到境外出差和在境内出差的情况大体相同，只是由于存在语言、风俗习惯、环境等方面的差异，秘书要尽可能多地搜集一些所到国家的资料供领导参考。在领导出境前，最重要的一项工作是出境手续的办理，该项工作多由秘书完成。

首先，秘书应该熟悉出境手续办理程序，具体如下：撰写出境申请，申请护照，申请签证，卫生防疫，订购机票，办理保险，办理出境检查。

其次，秘书应独立完成出境申请的撰写，并且熟悉出境手续各环节办理所需要携带的资料，为领导的出境商务旅行办理相关手续。

最后，秘书应在陪同领导的过程中妥善安排好相关事务。

8.2.5　任务实施

小王可参考以下步骤办理手续。

1. 撰写出境申请

出境申请由秘书撰写，内容需包括以下几项。
（1）出境事由。
（2）出境路线。
（3）出境日程安排，包括出境时间、在境外活动的时间和地点、返回时间等。
（4）出境人员的基本情况（姓名、性别、民族、出生日期、出生地、政治面貌、文化程度、工作单位、现任职务和专业技术职务、身份证号码、办公电话、住宅电话）。

出境申请经领导（或上级主管部门）审阅同意后，与外国公司所发的邀请函（副单）、出境人员身份证复印件一起递交给当地人民政府的外事办公室审批，如获同意，再交公安局的出入境管理机构审批。

2. 申请护照

护照是一个国家的公民出入本国国境和到国外旅行或居留时，由本国发给的一种证明该公民国籍和身份的合法证件。护照（Passport）一词在英文中是口岸通行证的意思。也就是说，护照是公民旅行时通过各国国际口岸的一种通行证明。世界某些国家或地区也颁发代替护照的通行证件。

各国颁发的护照种类不尽相同。中华人民共和国护照分为外交护照、公务护照、普通护照和特区护照。公务护照又分为公务护照和公务普通护照。特区护照分为香港特别行政区护照和澳门特别行政区护照。外交护照、公务护照和公务普通护照统称为"因公护照"，普通护照俗称"因私护照"。

护照有一定的有效期限，各个国家所规定的有效期限不同。中国的外交护照有效期为五年。公务护照和公务普通护照分为一次有效和多次有效两类。多次有效护照的有效期为五年，是发给在一定时期内需要多次出入中国国境的人员；一次有效护照的有效期为两年，是发给在一定时期内一次出入中国国境的人员。一次有效公务普通护照和一次有效公务护照满两年后，如有需要，可在境（内）外按规定手续申请延期一次。延长期限根据需要决定，但最长不得超过两年。一次有效公务普通护照的标志是护照扉页的护照号码前有"Y"字样；在第4页上方有"……持照人在护照有效内可出入中国国境一次"字样。中国的普通护照，未满16周岁人员有效期为五年，16周岁以上为十年。护照到期后直接换证。

3. 申请签证

签证是一国政府机关依照本国法律规定为申请入出或通过本国的外国人颁发的一种许可证明。

根据国际法原则，任何一个主权国家，有权自主决定是否允许外国人入出其国家，有权依照本国法律颁发签证、拒发签证或者对已经签发的签证宣布吊销。

签证通常附载于申请人所持的护照或其他国际旅行证件上。在特殊情况下，凭有效护照或其他国际旅行证件可做在另纸上。随着科技的进步，有些国家已经开始签发电子签证和生物签证，大大增强了签证的防伪功能。

签证在一国查控入出境人员、保护国土安全、防止非法移民和犯罪分子等方面发挥了重要作用。

一般而言，政府机关会根据申请者的身份和出入境目的颁发不同的签证，如外交签证、礼遇签证、公务（官员）签证、普通签证，并限制入境后的居留时间。签证种类不同，要求提供的有关材料也不一样。一般对以短期居留为目的的申请限制较少，等待批准的时间也较短。对以长期居留为目的的申请则限制较多，等待批准的时间也较长。

1）办理程序

办理签证，无论是中国人办理外国签证，还是外国人办理其他国家签证，无论采取哪一种方式，是委托代办，还是自己直接办理，一般都需要经过下列几个程序。

① 递交有效的护照。

② 递交与申请事由相关的各种证明材料，例如有关自己出生、婚姻状况、学历、工作经历等的证明。

③ 填写并递交签证申请表格。签证不同，表格也不同，多数要用外文填写，同时提供本人照片。

④ 与前往国驻本国大使馆或领事馆官员会见。有的国家规定，凡移民申请者必须面谈后，才能决定；也有的国家规定，申请非移民签证也必须面谈。

⑤ 将填妥的各种签证申请表格和必要的证明材料，呈报国内主管部门审查批准。有少数国家的大使馆或者领事馆有权直接颁发签证，但仍须转报国内备案。

⑥ 前往国的主管部门进行必要的审核后，将审批意见通知驻该国大使馆或者领事馆。如果同意，即颁发签证。如果拒绝，也会通知申请者（拒签时，大多大使馆或者领事馆方面也是不退签证费用的）。

⑦ 缴纳签证费用。一般来说，递交签证申请的时候就要缴纳签证费用，也有个别国家是签证申请成功的时候才收取费用。一般而言，移民签证费用略高，非移民签证费用略低。也有些国家和地区的签证是免费的。

2）相关种类

（1）根据出入境情况，签证可分为：入境签证、过境签证、出境签证，以及出入境签证、入出境签证、再入境签证等类别。

入境签证是准予持证人在规定的期限内，由对外开放或指定的口岸进入该国国境的签证。中国入境签证自颁发之日起生效，有的国家另行明示入境签证生效日期。

过境签证是准予持证人在规定的期限内，由对外开放或指定的口岸经过该国国境前往第三国的签证。要取得过境签证，须事先获取目的地国家的有效入境签证或许可证明（免签国家除外）。按国际惯例，有联程机票，在24小时之内不出机场直接过境人员一般免办签证，但部分国家仍要求过境本国的外国人办理过境签证。

出境签证是准予持证人经对外开放或指定的口岸离开该国国境的签证。有些国家不限出境口岸。包括中国在内的很多国家已取消出境签证，外国人在签证准予停留的期限内或居留证件有效期内凭有效证件出境。

有的国家还设立有出入境签证、入出境签证和再入境签证等类别。中国现行签证中无这些类别。

（2）根据出入境事由，签证常规可分为：外交签证、公务（官员）签证、礼遇签证、普通签证等。每个国家情况不一样。

（3）根据时间长短，签证可分为：长期签证和短期签证。长期签证的概念是，在前往国停留3个月以上。申请长期签证不论其访问目的如何，一般都需要较长的申请时间。在前往国停留3个月以内的签证称为短期签证，申请短期签证所需时间相对较短。

（4）依据入境次数，签证可分为：一次入境签证和多次入境签证。

（5）依据使用人数，签证可分为：个人签证和团体签证。

（6）依据为持有人提供的方便，签证可分为：另纸签证、落地签证等。

办理出境商务旅行的签证时，要由出境人员本人亲自持护照、对方公司邀请信和其他申请签证的材料，到前往国驻我国大使馆或领事馆申请办理签证；或是委托可靠的签证代办机构（如中国旅行社总社签证代办处）代办；也可以委托发出邀请的公司在其所在国的有关部门办理。

一般签证做在护照上或其他身份证件上。如前往与我国未建交的国家，则用单独的签证，称为另纸签证，与护照同时使用。

领到签证后，要注意查看签证的有效期和是否盖章签字，要在有效期内入境。

4. 卫生防疫

请注意了解有关国家卫生防疫要求，并按要求注射疫苗。如有必要，请提前办妥《国际旅行健康检查证明书》和《疫苗接种或预防措施国际证书》。办理《国际旅行健康检查证明书》和《疫苗接种或预防措施国际证书》后，要认真检查，看姓名等内容是否与护照一致，检疫机关的盖章、医生的签字是否清晰，已经接种的疫苗是否记录在案。

5. 订购机票

可到国内各航空公司和可靠的售票代理点办理订票手续，也可到国外航空公司驻我国办事处订票。如无特殊情况，应该预订往返机票，会节约不少经费。

6. 办理保险

通过代理人由保险公司办理出境人员有关保险，以便在发生意外事故、疾病、行李丢失等问题时，把损失降到最低。还应该购买航空意外险，如果订票时没有此项内容，可在登机前到机场有关窗口办理。由于国外的医疗费用颇为昂贵，所以秘书应建议领导及出行人员另行购买相关保险，以保障在旅途中遇到意外时，不致有太大的金钱损失或开支。

7. 办理出境检查

（1）海关检查。

海关有权检查出入境者的行李物品，但不是对所有旅客的行李都一一检查。有的国家要求出入境者填写携带物品申报单。各国对出入境物品的管理限制不一样，一般会对烟、酒等物品进行限额。有的国家还要求填写外币申报单。

（2）安全检查。

旅客绝不可以携带武器、凶器、爆炸物、剧毒品等登机。检查方式有：过安全门、探测器近身检查、检查随身携带的手提包等物品，甚至会搜身、脱鞋检查等。检查是为了所有乘客的安全，所以尽管会占用一些时间，但还是必要的。

（3）健康检疫。

对来自疫区的旅客，健康检疫特别严格。

8.2.6 课后任务布置

（1）完成表 8-2 所示的时区换算表。

表 8-2 时区换算表

旧金山	伦敦	格林尼治时间	北京	东京	悉尼
			10：00		
	10：00				
				10：00	
					12：00
8：00					
		12：00			

（2）查找资料了解不同国家的签证手续。
（3）领导出境商务旅行回来后秘书要做的工作主要有哪些？
本节思维导图如图 8-2 所示。

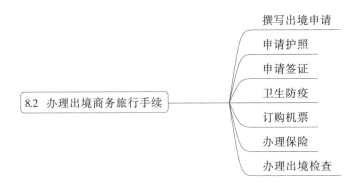

图 8-2 办理出境商务旅行手续思维导图

知识拓展

出境商务旅行注意事项见下方二维码内容。

出境商务旅行注意事项

第九章

时间管理

知识目标

1. 了解制定工作日志的意义;
2. 理解编制和修改工作日志的方法和基本要求;
3. 了解工作日志的管理方法;
4. 了解安排约会的方法。

能力目标

1. 掌握编制、管理工作日志的方法;
2. 能够编制领导和秘书个人的工作日志,做好工作日志的管理和修改工作;
3. 能合理地为领导安排约会。

9.1 制定工作日志

9.1.1 情景导入

时间——第三资源

萨克逊是伦敦一家拥有 35000 多名雇员的公司的总经理。萨克逊把时间称为"第三资源"。"时间与其他两种公认的资源（资本和劳动力）不同，它是不能替换的。任何一个想干一番事业的企业家，都必须明了时间的极端重要性。"

"然而奇怪的是，"萨克逊继续说，"我们学会了管理一切资源，只有时间除外。这无疑是第一个问题。第二个问题是，我们倾向于做那些我们喜欢的事，而不是我们应该做的事。第三个与时间有关的问题是，别人不承认他们的行为对你的时间有影响，也就是说感觉迟钝。我在时间管理中遇到的第四个问题是，管理人员普遍不利用旅行的时间。对多数管理人员来说，这是一段贫瘠的时间。只有少数人在旅行中进行必要的阅读、思考或写作。时间管理的最后一个问题似乎是漫天而来、毫无价值的文件，这些文件正在吞没管理人员的时间。应以一种切实可行的办法去拣选文件，并坚持简化文件处理工作。"

同大多数有建树的总经理一样，萨克逊接受了专业管理的概念。"决定管理人员效能的关键问题，"萨克逊解释说，"是他举止似'管理人员'还是似'操作人员'。如果是进行管理，他就会有意识地把相当多的时间和精力用于基本管理职能——计划、组织、激励和控制。"

资料来源：根据网络资料整理。

9.1.2 情景描述

紧张的一天就要结束，秘书小李拿出周工作计划表和预约登记表，为总经理编写第二天的工作日志。2023 年 3 月 8 日，总经理主要有以下工作：和市场部共同讨论如何进行某产品在乡镇的销售工作，和 A 公司总经理商洽一笔重要的交易，参加公司部门经理例会，约公司法律顾问谈话，批复文件，参加公司女员工的三八妇女节庆祝活动（晚宴）。总经理每天上班习惯先上网浏览国内外新闻，在中午 12 点进行午餐，下午 1 点开始工作，一般在下午 6 点下班，没有特殊情况的话安排照旧。编制好工作日志，交给总经理审核后，小李通知相关人员参加会议。晚上 7 点，小李接到总经理打来的电话说明天下午 3 点半要到市政府开会，没有明确的结束时间。

根据情景提供的内容，结合时间管理的方法，合理编制总经理 2023 年 3 月 8 日的工作日志，并在出现突发情况后，对工作日志进行调整。

9.1.3　任务分析

小李作为秘书要编制好领导的工作日志，首先要了解领导的工作和活动信息，掌握一些科学的时间管理方法，如四象限法；其次要编制并填写工作日志，了解编制工作日志时要遵循的原则和要求；最后在面对突发情况时要做好工作日志的管理和修改工作。

9.1.4　知识准备

秘书的日常事务工作之一就是做好领导的时间安排，给领导做时间安排的主要内容是做好日程安排，包括每月、每周、每天的日常工作安排。

工作日志是根据周计划表写出的一天时间内的领导活动计划，一般分为纵、横两种方式。所谓纵，是以时间为线索，从上班开始到下班为止，整个过程中什么时间应做什么事，按照顺序排列，将属于领导必做的工作作为主线，此类工作的时间应安排在领导精力很好时。所谓横，是指以事务为线索，每一项事务都应该设定处理所需要的时间，将一些重要的事务安排在较早的时间。

当然，可能会出现若干项事务同时需要处理的情况。有经验的秘书会根据不同的情况选用不同的工作日志记录方式。其中，以时间为线索的工作日志，以时间为序排列，有利于处理一些经常性的日常事务，日程安排有很大的可操作性。

在工作日志记录上应该注意的问题包括以下几个。

（1）写字永远要用钢笔、水性笔等——尚未联系妥当的安排可以先用铅笔记载，待约定之后再描一遍。

（2）记录时间、联系人姓名、地点以及其他有关内容，尽可能简单而全面。

（3）记录社交活动，要注意时间，如"18：30动身赴19：00的活动"，以及穿着方面的任何应特别注意的情况。

（4）一天的活动安排，应按时间先后记录。

（5）每天工作开始时要先为当天的所有活动做好必要的准备工作，如为会议和约会准备好文件和档案材料。

（6）每天工作结束后，要仔细检查工作日志的项目，看所有项目是否都已处理，所有约会是否都已赴约。

9.1.5　任务实施

1. 了解领导的工作和活动信息

一般来说，可以填入工作日志的领导工作和活动信息主要包括以下内容：领导在单位内部需要参加的会议和活动；领导需要亲自接待的来访者；领导在单位外部需要参加的会议、活动、约会等；领导个人的私事安排。

通常情况下，秘书在为领导编制工作日志的同时，还要编制自己的工作日志，除陪同领导参加一些活动外，秘书还有一些自己需要处理的事务，包括：领导各项活动需要秘书协助准备的事宜，如为领导某会议准备发言稿、编制会议议程、订机票；领导交办自己的工作，如签字仪式联系媒体等准备工作；自己职责中应做的工作，如撰写工作总结、值班等。

2. 编制并填写工作日志

工作日志分为手工日志和电子日志两种，为了便于管理和修改，一般先用电子日志编制，领导确认后再根据需要打印。编制工作日志时要遵循日程安排的基本要求。

（1）提前了解，事先同意。提前了解领导的工作和活动信息，安排的工作和活动要事先得到领导的同意。

（2）统筹兼顾，留有余地。安排日常活动既要从组织的全局出发，统筹规划，又要兼顾领导的实际情况，考虑领导的工作习惯。时间上不要安排得过于紧密，两项重要活动中间应留有10～15分钟的休息时间。

（3）保证效率，突出重点。工作日志的安排要体现效率原则，与完成中心工作有直接联系或重要的工作或活动，要优先安排，充分利用时间，合理分配精力，突出重点，集中精力办大事。

（4）填写完整，信息准确。信息填写要完整、准确，标明各项活动的时间、地点、工作内容、主要参与人等，有特殊要求的可填写在备注栏。

秘书工作日志与领导工作日志要互相配合，与领导一起参加的活动要记录在与领导工作日志相同的时间内，秘书单独参加的活动，要安排在领导的空余时间，或者秘书单独活动的时间内。

请根据情景描述中所给内容，编制总经理的工作日志（如表9-1所示），准确填入相关信息。

表 9-1　总经理的工作日志

年　月　日　星期

时　间	工 作 内 容	主要参与人	地　点	备　注

3. 管理工作日志

秘书编制好工作日志后，还要做好工作日志管理工作。

（1）协助或提醒领导按时执行日志计划，在必要时帮助领导排除干扰。

（2）注意对领导工作日程的保密，除领导和秘书外，给其他相关人员的工作日程表不能太详细，可以隐去一些内容，以免泄密。

（3）注意及时更新，若日程出现变化，应当立即更新工作日志，并及时告知领导。

4. 修改工作日志

在执行工作日志计划的过程中，有时会因为预想不到的事情或合作方的原因必须改变日程安排，这时秘书要积极应对，及时修改工作日志。工作日志修改主要有以下几种情况。

（1）原定结束时间延长或超时。

（2）追加紧急的或新添的事项。

（3）原定事项的时间调整、变更。

（4）原定事项终止或取消。

想一想，情景描述中所给出的情况属于哪一种？小李应该如何完成工作日志修改步骤？请帮助小李编制修改后的工作日志。

9.1.6 课后任务布置

（1）你还知道哪些时间管理方法？

（2）想一想，领导工作日程除领导和秘书外，还应告知哪些人员？

本节思维导图如图 9-1 所示。

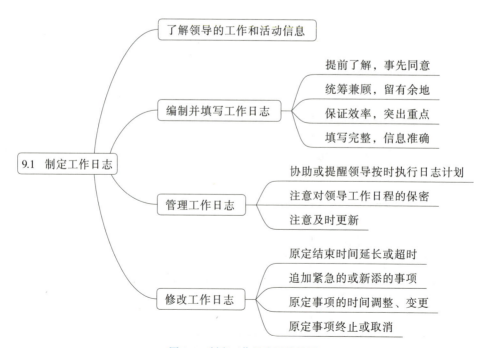

图 9-1　制定工作日志思维导图

9.2 安排约会

9.2.1 情景导入

一位秘书自身的"会见管理"

时间：8月12日
事件：与有关单位协商后备人才交流活动有关事宜
对象：××单位副总经理A，××单位副总经理B，××单位副总经理C
会见情形：

此次会谈由秘书小李一一拜访，根据地理位置，他先拜访了A，会谈自14点开始至15点左右结束。首先他就后备人才交流活动事项谈了他的想法，然后A就单位的具体情况与他交换了意见，在近一个小时的交谈后他们达成了共识。

小李在15点10分左右来到××单位想拜访B，但由于事先没有约定，等了十几分钟B才出现，会谈在15点30分左右开始，几分钟后由于B被其他事情缠住，会谈便无法继续进行，只得作罢，这是一次彻底失败的会谈。

小李在15点45分左右来到了C的办公室，由于事先也没约定，C也正在处理事情，只好与C的助手先沟通了一下，在16点左右C又要接待来参观的客人，直到16点15分左右会谈才正式开始，好在会谈进行得较为顺利，他们就问题达成了一致的意见。

资料来源：https://www.docin.com/p-201981082.html[2024-05-29].（略有改动）

9.2.2 情景描述

在某公司总经理办公室，张总向林秘书了解拜访考察团的安排事宜。本来张总想等考察团过来之后，立马亲自去客人下榻的宾馆拜访，可是林秘书计划等他们入住后当天晚上9点左右再安排领导前往拜访。张总接着询问他这个拜访时间是否和对方确认过，将安排哪几位领导前往拜访。林秘书却没有事先跟对方确认，也拿不出具体的约会日程表。这让张总不太满意，一再强调要和对方先确认。接下来林秘书应该如何安排此次拜访呢？

9.2.3 任务分析

情景描述中的拜访属于拜见性（谒见性）约会，也就是不对等约会，约会的具体安排步骤如下。

首先，明确约会的类型。
其次，做好约会前的准备，知晓约会的议题、约会的人数、约会的方式。
再次，注意约会时间和地点的选择。

最后，明确约会时需注意的问题。诸如配合领导的时间表；及时通知对方赴约，提醒领导赴约；防止约会发生"撞车"，编制约会日程表等。

9.2.4 知识准备

1. 约会的概念

约会也称约见，是指领导在事先约定的时间、地点与别人会面洽谈业务，会商工作。在企事业单位中，约会这交际形式被运用的频率，仅次于电话联系和书信联系。商量工作，解决问题，交流信息，联络感情都常用这一形式。在现代社会中，会面应事先约定，这是讲究社交礼节、注重工作效率的表现。

为领导安排约会是办公室事务中的一项常规性工作。

2. 安排约会的基本原则

（1）尊重原则。

要根据领导的工作习惯和生活习惯安排约会。约会一般不能安排在领导的休息时间和睡眠时间。

（2）轻重缓急原则。

在领导频繁的约会活动中，要依约会的性质、重要性、紧迫性妥善予以安排。要保证该约的、该见的不耽误，适时安排；不该见的，坚决不约，但必须说明原因，要想办法推辞；该见的但并不是很紧急的，可稍缓安排约见。一般来说，凡是领导安排的约会，就必须进行安排，但对方要见领导，就不一定有约必见。

（3）信息掌控原则。

约会应当是有准备的，越是重要的约会，越要准备好。

（4）酌情弹性原则。

酌情弹性原则包含两方面的内容，一是指约会要错开进行，不可太紧或太松。二是早期安排的约会，时间不能确定，届时也可能会因情况有变而更改约会时间。

3. 安排约会的一般方法

（1）在领导最佳时间安排约会。

注意在领导外出开会或出差回来的当天，不要安排约会，尽量不要在每周一的早上和周五的下午以及节假日前安排约会，如果约会安排在上午，时间应该在早上上班后半小时左右，因为此时办公室已打扫完毕，而且领导也往往已安排好一天的工作。

（2）电话安排约会。

处理电话提出的约会要求时，秘书人员先要确认领导约的是否就是来电者，待对方讲明要求约会的原因后，再做出决定；需要核对日历，确认领导在该约会时间内没有其他安排。如果不能确认领导能否赴约，则要告诉对方，使约会安排留有余地。

（3）信件安排约会。

在处理信件时，要记录一下来函确定的约会时间，对发出的确认约会的函件也要予以记录。在准备用信函答复对方之前,要先得到领导的确认。一旦领导确认,就可以列入约会日程表。

(4)编制约会日程表。

约会一般要在一周前安排好,秘书人员每周要编制一份约会日程表(如表9-2所示),要求内容简明、清楚(注明约会起止时间、地点等信息),便于查阅。

表 9-2　约会日程表

年　　月　　日

约会起止时间	地　点	对方人员名单	主要参加人员	备　注

4. 安排约会的注意事项

(1)配合领导的时间表。

领导对自己的日程安排有一定的原则,秘书人员在为领导安排约会时,不能随便打乱领导的常规工作安排,要注意配合领导的工作规律和生活习惯,平时就要做"有心人"。

(2)约会时间留有余地。

安排领导的约会时,在时间上一定要留有充分的余地,这包括两方面的内容。

一是约会时间要错开,不可太紧或太松。在安排约会时间时,要给每次约会时间留出 10～15 分钟的机动时间。

二是远期安排或答应的约会,时间不能太确定。

(3)适当保密。

领导的约会安排,一般要注意保密。约会日程表不要随意乱发,一般来说,可以给领导一份,给有关科室和汽车司机复印一份,给自己留一份。给有关科室和汽车司机的约会日程表,内容不能太详细,只有秘书人员自己和领导本人手中的约会日程表才允许详细(应对竞争对手),约会日程表可使用特定符号。

(4)注意内外兼顾。

随着业务的发展,领导与外界打交道的时间可能会越来越多,但是领导必须内外兼顾。秘书人员在给领导安排约会时,一定要留出专门的时间,让领导了解单位基本情况,及时处理业务中的各种矛盾和问题,把握单位的发展情况。

(5)提醒领导准时赴约。

如果领导不能按事先约好的时间赴约,秘书人员要设法尽早通知对方,保证准时赴约,不误约,不失约。

(6)细致周到。

安排约会时,要向对方说明约会的内容、时间是得到领导同意的。了解每一位与领导有约的约会人的姓名、地址以及电话号码,以便万一取消或更改约会时间可及时通知对方。

特别重要的约会,在约会时间前,应与对方再次联络,以确保约会的顺利进行,并随时提醒领导准时赴约。

下班前秘书人员要将第二天的约会事项填进小卡片,一张送交领导,一张交给司机,一张自己保存,以供提醒。

领导要外出一整天参加各种约会活动时,他可能会要求秘书人员准备一张约会卡片,供他外出时用,而不必将他的约会日程表带在身边。约会卡片应大小适中,便于携带,卡片上应附有届时需要使用的请帖,或存放来往信函的案卷。约会卡片如图9-2所示。

20××年,6月23日,星期三
10:00 销售工作会议。地点:××分公司办事处(××大街××号)
附:会议日程
13:00 与××分公司上司及××先生(××代理人)共进午餐。地点:玫瑰庄园大酒店
14:30 与律师商谈租赁位于××大街的假日别墅事宜。地点:××街××号
附:案卷
16:00 去××机场接××,客房订在玫瑰庄园大酒店
19:00 去玫瑰庄园大酒店赴晚宴(宴请20:00开始),着正式服装
附:请帖
为××预订的花19:00送到

图9-2 约会卡片

9.2.5 任务实施

1. 约会前做好充分准备

首先,约会的议题(不涉及机密的)、目的应提前告知对方,以便对方做准备。

其次,前往拜访的人数不宜过多。在政务、商务活动中,拜访人数应尽可能控制在一定的范围内,秘书人员不宜安排太多的人结伴前往拜访。要特别注意的是,未经约定或征得拜访对象的同意,切忌带拜访对象不了解或不熟悉的人前往,否则会被认为不礼貌、不尊重。

最后,切记提前预约拜访时间。需要特别注意的是,当主动提出去拜访他人时,切忌冒昧行事,切忌措词强硬,语气要缓和。只有有约在先,才能保证在宾主双方都方便的情况下进行拜访活动。如果约定了时间,就应如期前往,不得随意改变双方已经约定的时间,不能迟到,但也不必太早到达,早到和迟到其实都属于失礼的行为。

2. 注意约会时间和约会地点的选择

约会不能搞"突然袭击",约会前应先联系对方的秘书人员或随从人员商定时间,而后安排领导带领随从人员前往拜访对象住地,到达后应先在大堂打电话通知对方,不宜径直上楼去敲房间门或按门铃。

在与拜访对象预约时,可以与拜访对象共同商定合适的约会时间与约会地点。一般来说,对于公事而言,最好选择在办公室进行,切忌在周末或休息时间前往拜访。如果要前往住处拜访,在具体拜访时间上,最好不要选择一日三餐的用餐时间,可考虑晚餐过后的

时间,绝不能在凌晨或深夜拜访。在预约时,要尽可能考虑拜访对象是否方便,可通过电话、短信、邮件等方式提前与对方联系。外事访问时间一般以上午 10 点或下午 4 点左右为宜。

3. 约会时需注意的问题

首先,让对方明白是领导授权来安排的这次约会。安排约会时要向对方说明约会的内容、时间是得到领导同意的。

其次,确定好约会的时间、地点。除了根据对方的时间表来确定约会的时间、地点,还要配合领导的时间表,并且依约会的性质、重要性、紧迫性妥善予以安排。两相结合下确定双方约会的时间、地点。

再次,及时通知对方赴约,提醒领导赴约。

最后,对约会时间、地点等细节准备好第二方案。了解每一位与自己领导有约会的人的姓名、地址以及电话号码,以便万一取消或更改约会时间,可及时通知对方。为防止约会发生"撞车",可以在每天固定时间与领导协调,主动告诉领导为其安排了哪些约会,并编制约会日程表。

9.2.6　课后任务布置

(1)你还知道哪些安排约会的方法?

(2)根据前面的情景描述,约会过程中还应注意什么呢?

本节思维导图如图 9-3 所示。

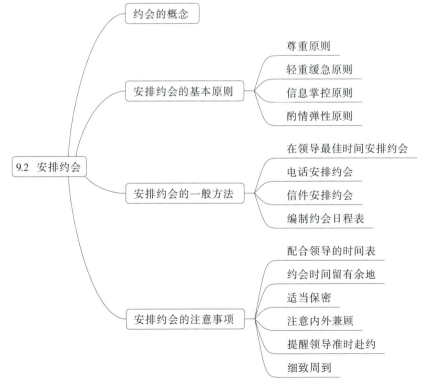

图 9-3　安排约会思维导图

第三篇

会务管理

第十章

会前相关工作

知识目标

1. 了解会前方案的内容;
2. 熟悉会前方案拟制各环节的注意事项。

能力目标

1. 具备统筹组织能力,掌握会议策划基本流程,能够有序开展会前工作;
2. 具备协调沟通能力,熟悉会议的基本形式和构成要素,筹备会前工作时善于做好周密部署工作。

10.1 会前方案拟制

10.1.1 情景导入

某公司即将召开一场重要的商务会议,会议的主题是"关于新产品的推出和市场营销策略的制定"。为了确保会议顺利进行,公司领导指派秘书小杨负责会前方案拟制工作。

小杨接到任务后,立即开始了会前方案拟制工作。她首先与会议组织者进行了深入的沟通,明确了会议的目标和议程。在了解到会议的目标是制定新产品的推广策略和确定市场定位后,她开始了准备工作。

首先,小杨安排了会议时间和场地。考虑到参会人员的安排,她选择了合适的会议室和时间段,并与餐饮部门联系,准备了营养均衡的会议餐点。同时,她还与IT部门联系,确保会议所需的投影仪、音响设备等能够正常使用。

接下来,她开始编制会议通知和邀请函。在会议通知中,小杨详细介绍了会议的主题、时间、地点、参会人员及注意事项。在邀请函中,她强调了会议的重要性,并提醒被邀请人准时参加。

最后,为了确保会议的顺利进行,小杨根据会议议程准备了相应的资料和设备。她准备了会议资料袋,包括会议背景资料、市场调研报告和分组讨论会材料等。她还协助会务组进行其他准备工作,如会场布置、茶水和纸笔等物品的准备等。

在完成会前方案拟制工作后,小杨与团队成员进行了沟通,确保各项工作能够顺利进行。最终,会议在她的精心策划下取得了圆满成功。

10.1.2 情景描述

今天是秘书小陈上班的第一天,早上总经理把秘书小陈叫到办公室,布置了一个重要的任务给他。公司将在4月15日召开新产品客户咨询会。总经理打算让秘书小陈作为这次会议的筹备负责人,接到这个任务后,小陈有些不知所措,应该先准备什么呢?会议应该如何召开呢?小陈陷入苦恼中。

秘书小陈所在的公司主要经营计算机、手机、电视等产品。随着消费者对产品的要求越来越高。公司研发部为了应对目前消费者的消费需求、消费心理,成功研发了计算机、电视、手机等的新一代产品。这次召开新产品客户咨询会的目的就是向客户推介这些新产品。

10.1.3 任务分析

会前方案指会议筹备方案。组织规模较大、时间较长、内容和形式较复杂的会议时，应该拟制会议的会前方案。会前方案的主要内容包括：确定会议的议题、名称、时间、地点、与会人员、会议程序、会议入场证件和会议布置的方法，还包括对安全保卫、医疗服务、外出服务参观和新闻报道等的安排。假设你是陈秘书，请你根据公司实际情况草拟一份会前方案交给总经理审核。

10.1.4 知识准备

会议主要是指企事业单位、社会团体等有组织地召集人员为交流思想、分析对策、开展工作等活动举行的多向沟通活动。

1. 会议的构成要素

想要高效地完成会议筹备工作，必须先了解会议的构成要素。

（1）会议名称。

通常情况下会议都有自己的名称。一般而言会议名称由会议议题和内容决定。比如"A公司关于调整内部薪资的会议""B学校关于整顿学风、提升教学质量的会议"。

（2）会议时间。

会议是共时性的团体活动，任何会议都有严格而清晰的时间需求。假如缺少一致的时间需求，与会人员就无法同时集合，会议就无法开展。

会议时间主要有两个方面的内容。

① 开会时间。通常而言秘书在进行会议筹备时要先确定具体开会的时间。开会时间最好精确到年、月、日、小时、分钟。如2022年4月20日上午10：00召开关于人事调动的会议。

② 会期。会期主要指的是会议全过程需要的时间。确定会期能够帮助与会人员合理安排工作和做好相关物品的准备。

（3）会议地点。

会议必须有集会的地点，没会议地点就无法召开会议。也可以根据与会人员的情况选择使用电话、电视、互联网等方式召集会议。

（4）与会人员。

会议的与会人员大体能够分为到会人、主持人、秘书人员、服务人员。大型代表会议，通常都有正式到会代表、列席代表、会议主席团、会议执行主席、会议秘书处、会议秘书长、会议代表团团长、会议服务人员。

（5）会议议题。

议题是会议讨论协商的事项，任何会议都要先有议题，一个会议至少有一项议题，无议题或议题不清晰，等于盲目开会，议题是开会的理由和根据。

（6）会议程序。

会议程序即会议的具体步骤，通常包括会议的准备作业、会议的开幕作业、会议的正式进行、会议的完毕作业。小型会议通常程序简略，会议程序以会议议程和日程的方式表现。

2. 会前方案拟制流程

1）明确会议目标

每个会议都需要有一个明确的目标，且目标最好只有一个，所有交流的内容都要围绕这个目标。在固定的时间内锁定目标而不偏离议题是会议组织者的目标。

每一次开会都应该有明确的会议目标，在发出会议邀请函并安排会议的时候，首先应该询问自己，为什么举办这次会议，想从这次会议中得到什么样的结果。如果会议的议题是讨论产品的定价方案，目标就是讨论不同的定价方案并通过会议确定最终的定价方案；如果会议的议题是分析竞争对手，那么最终目标就是得到如何和竞争对手展开竞争的方案。

2）收集信息，开展需求调研

（1）收集信息的范围。

作为秘书人员，在会议策划阶段要事先了解与会议有关的信息，例如相关政策法规或者规章制度等。

（2）需求调研的常见问题。

在进行需求调研时，若事先没有准备，常常会出现各种情况，导致最终收集不到想要的信息，无法确定需求。

例如，常见的问题有以下几个。

① 没有认真准备，需求调研工作很随意。
② 没有识别出关键与会人员，造成需求意见太多的情况，不知道听谁的。
③ 会议节奏没有控制好：会议没有节奏、跑题、超时。
④ 与会人员提出一些不合理或难以实现的需求。
⑤ 需求调研重在收集与会人员的需求，而不是提供解决方案。
⑥ 好记性不如烂笔头，会议纪要不要忘。

3）会前方案拟制的策略

（1）分析信息。

做好分析信息工作，主要是指利用会议形式进行计划执行情况检查。分析信息适用于各层次、多形式的会议，可以进行多种范围、方面的分析。

在分析信息时，可以根据三步来进行：优势分析、劣势分析和预测分析。通过分析有利条件、欠缺资源和预测可能出现的情况来对会议做判断。

（2）设计方案。

会前方案至少要包括下列内容：第一，确定会议的议题和目标；第二，确定会议的具体形式；第三，确定会议的规模；第四，确定与会人员名单；第五，确定会议地点，并提前布置好会场；第六，确定会议程序；第七，派发会议通知和邀请函；第八，开会前进行最后审查。

（3）比较论证，选择方案。

选择方案是指对备选的方案排队、筛选，劣中选好，好中选优，最终对要投入实施的方案进行决断的过程。因此，应运用合理的标准和科学的方法来进行比较论证，选择方案。

① 比较法。通过比较两个及两个以上方案之间的异同点，来比较方案策划内容的合理性，从而使目标最大化。

② 情节推演法。情节推演法就是根据情节假设来推断可能发生的一些状况。

（4）追踪实施，反馈修改。

在方案正式实施前，还应随时追踪、评估反馈信息，尤其是当有不同意见出现时，要注意对方案进行适当修正和调整。

10.1.5　任务实施

1. 拟定会议名称与议题

（1）拟定会议名称。

会议名称是向外部提供关于会议基本信息的引领性标题。俗话说，名不正则言不顺。正式会议必须有一个恰当而确切的名称。会议名称要求能概括并显示会议的内容、性质、参加对象、举办单位或组织、时间、届次、地点或地区、范围、规模等。

会议名称既可用于会前的"会议通知"，使会议代表心中有数，做好议事准备；也可用于会后的宣传，以便扩大会议的影响；更可用于会议过程中，使会议代表产生凝聚力，以示庄重。

① 会议名称一般采用以下格式。

a. 由"单位＋内容＋会议种类"构成，如"××公司工作总结汇报会"。

b. 由"单位＋时间＋内容＋会议种类"构成，如"××公司2021年总结表彰大会"。

c. 由"时间＋内容＋会议种类"构成，如"2021年××省春运票价听证会"。

② 拟定会议名称的注意事项如下。

a. 会议名称要确切，文字表达要规范。

b. 会议名称应与会议的议题相符。

c. 一般企业会议不允许冠以"中国"或"中华"等称谓。

（2）拟定会议议题。

① 会议议题的概念和作用。

会议议题就是需要提交给会议讨论和决定的问题。

会议议题是开会的前提。会议开始之前要明确会议的议题，并且要将议题及时告知与会人员，以便与会人员获得知情权，便于参加会议和筹备会议的人员做好相应的准备工作。合理而有序的会议议题是提高会议效率的基础，有利于会议目标的实现。依据与会议目标的贴近度，会议议题可分为中心议题和一般议题。会议目标不是空洞虚幻的，在会议过程中，它必须落实到具体的会议议题上。议题是为目标服务的，并为目标所制约。有什么样的会议目标，就会有什么样的会议议题。

② 会议议题的来源。

会议议题的来源有三个：一是上级机关和领导安排的事项；二是下级部门提交的、需要以会议的形式研究和决定的事项；三是秘书通过调查研究，向有关部门搜集的本单位的管理活动中需要研究和决定的事项。

③ 会议议题确定的基本原则。

科学合理地确定会议议题，是保证会议质量与效率的重要因素之一。确定会议议题时应该遵循必要性原则、明确性原则、可行性原则、有限性原则和相近性原则。

a. 必要性原则。这是指所拟定的议题有无在会议上讨论研究的必要。确定会议议题是否必要时，首先要注意议题的价值，议题价值就是指该议题在单位实际工作中所处的地位和作用。一般而言，凡影响到全局工作的议题，都是有价值的议题，都可以列入会议讨论。而那些只对局部工作产生影响，或本应由基层部门乃至个人分工负责解决的问题，对会议来说都属于无价值或价值不大的议题，不应列入会议讨论。

b. 明确性原则。这是指会议议题的表述要简洁明了，不能把议题的要义淹没在繁琐的表述中。

c. 可行性原则。这是指议题应具备可行性，即议题中所涉及的需要解决的问题，应具备解决的初步条件。如果把背景不清、条件不成熟的议题提交会议讨论，将会出现议而难决，决而难行的情况。为此，应该在提交议题前进行充分的调查。

对于行政决策类会议而言，凡拟提交会议讨论的问题，必须是在会议的职权范围以内的，是会议有权做出决定的事情。也就是说，会议组织者应十分清楚本会议的职权范围，不研究和决定超出本会议职权范围的问题。

d. 有限性原则。这是指一次会议议题的数量必须有一定限度，不能为会议罗列过多议题。会议一般要求"一事一会"，或者至少是"一类事一会"。对不属同类的事项，尽量通过不同的会议进行研究解决，要使参加会议的人员把精力集中到会议中心议题上，防止一次会议议题过多，出现久议不决的现象，难求其效。

心理学的研究表明，成年人能集中精力的平均时间为45至60分钟，超过45分钟，人就容易精神分散，超过90分钟，人会普遍感到疲倦。因此，每次会议时间最好不超过一小时。如果需要更长时间，应该安排中间休息。

如遇几个议题，应按其紧急程度，或者重要程度排列，最紧急的、最重要的排列在最前面。尽量保证在最佳时间开会。要注意将全体会议安排在上午，分组讨论可安排在下午，晚上则安排一些文娱活动。

e. 相近性原则。这是指会议议题之间应具有内在联系。尽量将那些内容相近，联系密切的议题放在一次会议上讨论。不要在一次会议上同时安排几个风马牛不相及的议题。免得使与会人员的大脑思维难以转变，影响深入讨论的效果。同时，这样做也有助于减少与会人员人数，有利于相关部门的共同协商和议题内容的保密。会议议题应该从实际出发，以保证会议质量、提高会议效率为宗旨。

2. 确定会议工作机构

（1）成立会议工作机构的原则。

① "适宜原则"。即根据会议的规模、类型、内容，因地制宜地设置相应的工作机构。既不能"小马拉大车"，也不能"杀鸡用牛刀"。

② "对口原则"。即专业的人做专业的事。比如，会务工作一般由有会议组织经验的办公室负责；与经销商的沟通一般由市场销售部门负责；与专家、官员沟通一般由公关负责人、企业高层负责；会议文书由办公室秘书负责；会议用车由后勤部门负责；等等。

③ "平均原则"。即因事设组，每个组的工作量应相对平衡。

④ "明确原则"。即分工应该明确，职责分明，防止互相推诿的现象出现。另外，隶属分工和横向协作都要明确，尽管会议工作机构是临时性组织，但加入其中的人员也应受其约束。

⑤ "精干原则"。即工作人员不要太多，应力求精干、高效。

（2）会议工作机构的工作内容。

一般的会议所涉及的会议工作机构的工作内容可以归纳为以下几个方面。

① 准备会议材料。重点是会议主题报告和领导发言稿，也包括会议期间的简报编撰以及会议后期的总结和纪要的撰写。

② 准备会场。这涉及会址的选定、会场的布置、会议音响设备的调试检查、座次的编排和座位卡的配置等。

③ 会间事务服务。会间事务是各项会议程序推进过程中产生的相应的事务，此项工作是保证会议顺利进行的重要工作。

④ 会议接待。这主要指与会人员的迎送、交通服务以及与会人员的安全保障工作。

⑤ 会议宣传。这主要指对外宣传，会议情况报道，撰写、编发简报等工作。

⑥ 会议后勤。这主要指保证会议的物资用品的工作。

⑦ 会议安保。这主要指安全保卫工作。

3. 拟定会议程序

（1）明确会议目标和与会人员：要清楚为什么开会以及哪些人将参会。

（2）安排各会议程序的时间。编排会议程序应注意两个原则：一是按照轻重缓急编排先后次序；二是应预估每一个会议程序所需的处理时间并清楚地标示出来。

（3）确定每一项会议程序。

（4）决定会议讨论形式。

4. 确定会议地点

会议能否成功，会议地点的选择相当重要。选择会议地点时，应考虑以下五个基本步骤。

（1）确定会议目标。

（2）确定会议形态。

（3）确定会议实质需求。

（4）调查与会人员的期望。

（5）选择会议地点与设备。

在最终确定会议地点之前，去实地考察一下非常重要。可以通过邮件、网络、旅游管理部门或其他途径获得各种场地信息，但是俗话说，百闻不如一见，这些都比不上亲自到现场走一走、看一看有效。

10.1.6 课后任务布置

（1）会前方案的内容要素有哪些？
（2）确定会议的规模必须综合考虑的因素有哪些？
（3）会议议题的来源有哪些？

本节思维导图如图 10-1 所示。

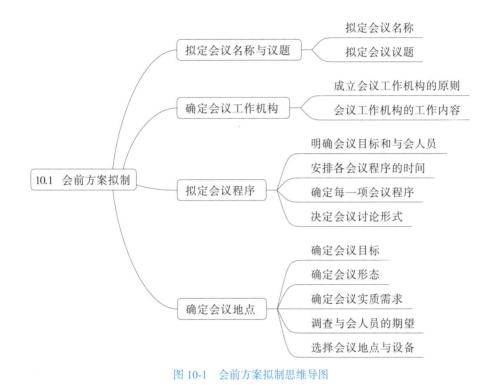

图 10-1　会前方案拟制思维导图

10.2　会场布置

10.2.1　情景导入

某公司即将举办一场重要的商务会议，会议的主题为公司未来的发展战略和规划。为了给与会人员营造一个舒适、专业的会议环境，公司领导指派秘书小杨负责会场布置工作。

接到任务后，小杨开始了会前方案拟制工作。她首先与会议组织者进行了深入的沟通，了解了会议的规模和与会人数。考虑到会议的庄重性和与会人员的多样性，她选择了公司最大的会议室作为会场，确保会场的空间足够容纳所有与会人员。

在确定了会场场地后，小杨开始设计会场布局和装饰。她决定采用U形布局方法，将与会人员分为若干小组，每个小组有一个主讲人负责讲解。这种布局既能保证每个与会人员都能看到主讲人，又能方便小组内的交流和讨论。会场墙壁上挂满了公司的重要成果和荣誉证书，以展示公司的实力和成就。同时，她还设计了展示台，用于展示公司的新产品和技术，吸引与会人员的注意力。

在安排会议座位时，小杨考虑到会议的庄重性和与会人员的多样性，选择了多种座位排列方案。她为每个座位配备了纸、笔等文具，方便与会人员记录会议内容。此外，她还特别为 VIP 客人安排了更加舒适的座位，并提供额外的服务。

准备会议用品和设备也是小杨的重要任务之一。她准备了投影仪、音响设备、麦克风等多媒体设备，以确保主讲人的讲解能够清晰地传达到每个与会人员。此外，她还准备了笔记本电脑、打印设备等办公设备，以便与会人员随时查阅会议资料。水杯等基本用品也一应俱全，为与会人员提供便利。

在完成会场布置工作后，小杨还主动与会务组的其他成员进行沟通，协助他们完成物品的搬运等工作。她还与接待部门联系，确保有专人负责与会人员的接待工作。

通过完成以上会场布置工作，小杨不仅展现了自己的专业技能，还体现了良好的团队协作能力。她注重细节，考虑周全，将会场布置得井然有序、专业而舒适。同时，她也意识到在今后的工作中，需要进一步发挥自己的主观能动性，提高工作效率和工作质量。

10.2.2　情景描述

某日下午，公司总经理让秘书部门安排会议。其中会场布置的任务交给了胡秘书。但是胡秘书在布置会场时遗漏了一件重要的事情。原来根据会议安排，有一个环节是要进行产品操作演示。而会场没有放映设备。这下胡秘书犯了难……

该公司准备召开的会议的主题是"公司新产品订货会"，出席本次会议的有本单位和外单位的人员。会议召开的时间是 5 月 10 日上午 10 点整，而资料放映的时间是 10 点 15 分，距离会议召开时间还有一小时。

10.2.3　任务分析

会场的布置要根据会议的规模、性质和需要来确定。不同的会场布置形式可以体现不同的意义、气氛和效果，适用于不同的会议目标。作为秘书，在会场布置的过程中除了要安排会场形式、座次，还要准备好会议所需要的物品。假设你是胡秘书，在接到会场布置的任务时，应如何避免出现以上突发情况？

10.2.4　知识准备

1. 会议设备

会议设备是指召开会议所使用的一系列设备，包括记录设备、办公设备、视听器材等类别。具体设备有投影仪、会议系统主机、会议话筒、中央控制系统主机、矩阵切换器、扩音系统、视频跟踪摄像头等。包括：

（1）记录设备：签到簿、名册等。

签到簿是了解与会人员数量、信息的重要工具，可以帮助主办方清楚邀请的人员是否确实到场，而会后根据签到簿印刷通讯录分派，也能有利于与会人员之间的熟悉与了解。

在有的场合，与会人员需要在黑板或者白板上写字或画图，从而说明问题，虽然现在视听器材发展得很快，但是传统的表达方式依然受到很多人的喜爱，而且在黑板或白板上表述具有即兴、方便的特点。此外，粉笔、万能笔、板擦等配套的工具也必不可少。

（2）办公设备：桌椅等。

桌椅是会议中最为基本的办公设备，而现在大多数会议室都已经配好成套的桌椅，因此会场布置人员的工作难度就变小很多，只需要根据了解到的会议性质、与会人员数量等基础信息选择适合的会议室就可以。

（3）视听器材。

会场要配套投影仪、会议系统主机、会议话筒等视听器材，会场布置人员要在会议开始之前就检查好这些器材是否使用正常，以确保会议不受影响。

2. 设备租借工作的流程

如果秘书人员在准备会议设备过程中，发现缺少某种设备，那么就需要按照会议设备借用办事流程做好设备的租借工作。

（1）申请人发起 OA 流程。

具体操作步骤：申请人登录个人 OA 系统──→查看行政类流程──→点击会议设备借用申请──→填写会议设备借用申请表──→提交申请表。

（2）发起 OA 流程──→设备管理员审核──→通过。

会议设备借用申请审批通过后，申请人方可到前台进行会议设备借用并进行纸质登记。

（3）发起 OA 流程──→设备管理员审核──→驳回。

如果当前设备借用时间冲突，无可借用会议设备，设备管理员驳回申请，那么申请人就需协商处理，重新提交会议设备借用申请。

10.2.5 任务实施

在情景描述中，胡秘书所犯的错误在于会前没有按照流程和要求做好会议设备的准备工作。会场的布置主要包括确定会场布局方式、安排会议座次、布置环境等内容。

1. 确定会场布局方式

会场布局方式要根据会议的规模、性质和需要来确定。不同的会场布局方式，可以体现不同的意义、气氛和效果，适用于不同的会议目标。日常工作会议的会场布局方式多为圆形、椭圆形、长方形、正方形、一字形、T形，可以体现民主与团结的气氛；座谈会、讨论会的会场布局方式多为半圆形、马蹄形、六角形、八角形、回字形，使人有轻松、亲切之感；中型会议的会场布局方式多为"而"字形、扇面形，使人有正规、严肃之感；大型茶话会、团拜会的会场布局方式多为星点式、众星拱月式。大型会议一般在礼堂召开，形式是固定的。

2. 安排会议座次

（1）会议座次安排要领。

会议座次安排以面门为上、以左为尊；正式会议必须排座次、放席卡，以便与会人员对号入座，避免因互相谦让而难以落座。应灵活安排座次。例如，对德高望重的老同志，可适当往前排；对邀请的上级单位或兄弟单位来宾，其实际职务略低于主办方领导的，可安排在主席台适当位置就座。

（2）领导座次安排。

① 领导为单数时的主席台座次安排。1号领导居中，2号领导在1号领导左手位置，3号领导在1号领导右手位置，依次类推。可参见图10-2的座次排列（图为正面）。

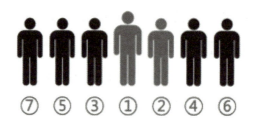

图10-2　座次排列（1）

② 领导为偶数时的主席台座次安排。1、2号领导同时居中，2号领导依然在1号领导左手位置，3号领导依然在1号领导右手位置，依次类推。可参见图10-3的座次排列（图为正面）。

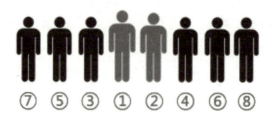

图10-3　座次排列（2）

（3）沙发室小型会议、商务接洽或外宾会谈的座次安排。

布置沙发室小型会议、商务接洽或外宾会谈的会场时，要注意安排座次。我国习惯主要宾客在主人的右边，其他宾客按礼宾顺序在主要宾客一侧就座，主方陪见人在主人一侧就座，主方译员在主人后方，客方译员在主要宾客后方。座次安排参考图10-4。

图 10-4　座次安排（3）

3. 布置环境

（1）会场背景的装饰。

设有主席台的会场，主席台是装饰的重点。因为主席台是整个会场的中心。一般应在主席台上方悬挂红色的会标（也称横幅），会标上用美术字标明会议的名称。主席台背景处（也称天幕）可悬挂会徽或红旗等艺术造型，主席台台前或台下可摆放花卉。全国政协十二届一次会议第二次全体会议主席台如图 10-5 所示。

图 10-5　全国政协十二届一次会议第二次全体会议主席台

（图片来源：http://lianghui.people.com.cn/2013cppcc/n/2013/0307/c357914-20713685.html[2024-05-24].）

会场背景的装饰除了主席台的装饰，还包括会场四周和会场门口的布置，这些地方可悬挂横幅标语、宣传画、广告、彩色气球等，还可摆放鲜花等装饰物，一些礼节性的会见，可多摆些鲜花，同时还可在会场四周墙壁上悬挂几幅名人字画及有特色的工艺品等作为点缀，这样更能增添会场典雅的格调。

（2）色调的选择。

色调在这里主要是指会场内色彩的搭配与整体基调，包括主席台、天幕、台布、场内桌椅及其装饰物等的色调。应当选择与会议内容相协调的色调，这样可以给与会人员的感官造成一定的刺激，在其心理上产生积极的影响。

一般来讲，红色、粉色、黄色、橙色等颜色比较亮丽明快，可以表现出热烈、辉煌的气氛，使人感到兴奋，因此比较适合庆典性会议。天蓝、绿、米黄等颜色庄重、典雅，因此比较适合严肃的工作会议。

（3）调试会场设备。

会场设备在这里主要包括召开会议所必需的设备。在选择会场时，首先，应查看这些设备是否齐备，性能是否良好；其次，当根据会议内容的具体要求需要添加一些特殊设备时，应考虑会场内原有设备是否适用。例如，在用电量大的情况下，用电量是否会超出电源负荷。如果召开的是展示会，要考虑在会场内能否设置展台等。

10.2.6　课后任务布置

（1）会场的布局方式有哪些，请比较每种布局方式的优缺点。
（2）主席台座次安排应该遵循什么原则？

本节思维导图如图10-6所示。

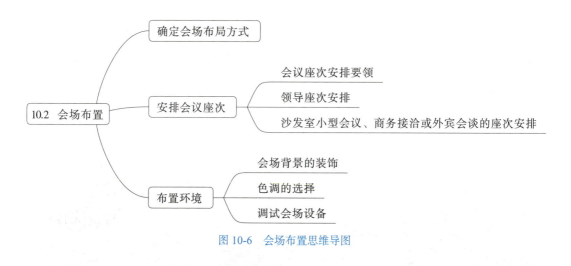

图 10-6　会场布置思维导图

10.3　会议邀请

10.3.1　情景导入

某公司即将召开一场重要的商务会议，会议的主题是公司的业务发展和战略规划。为了确保会议的顺利进行，公司领导指派秘书小杨负责会议邀请工作。

接到任务后，小杨立即开始了会议邀请的策划和组织工作。她首先与会议组织者进行了深入的沟通，了解了会议的规模和与会人数。考虑到会议的重要性，她决定采取多种方式进行邀请，包括电话、邮件和微信等。

在确定邀请方式后，小杨开始整理邀请名单。她根据公司的业务关系和往届会议的参与情况，筛选出了重要的客户、合作伙伴和行业专家，并按照不同的邀请方式进行分类。她还提前制作了邀请函的模板，以确保邀请信息的准确性和统一性。

在邀请过程中，小杨注重细节，考虑到不同嘉宾的时间安排和需求差异。对于重要的客户和合作伙伴，她提前沟通了会议的主题和议程，以便他们更好地了解会议的目的和内容。对于行业专家，她着重介绍了会议的主讲人和议题，以吸引他们参与。同时，她还根据不同嘉宾的喜好和习惯，选择了合适的邀请方式和语言风格。

在邀请截止日期前，小杨及时跟进未回复的嘉宾，确保他们收到邀请函并及时回复参会与否。对于确认参会的嘉宾，她记录下他们的相关信息，以便会前沟通和会后联系。对于无法参会的嘉宾，她也礼貌地表达了感谢和理解。

通过完成以上会议邀请工作，小杨不仅展示了专业的秘书技能，还体现了良好的沟通能力和组织能力。在今后的工作中，她将继续运用所学知识和技能，提高工作效率和工作质量，为公司的发展做出更大的贡献。

10.3.2　情景描述

天地公司总经理计划周五下午召开洽谈会议，打算邀请各部门主管和一直以来与公司有合作协议的明日公司总经理张总出席。王秘书是公司新来的秘书，在此次会议工作中，他的工作任务是邀请此次参会人员。

王秘书最初邀请部门主管参会时，没有向各部门主管发送通知，他想反正开会地点在公司会议室，只要在公司布告栏上贴一张通知就可以了。

王秘书与明日公司总经理张总的秘书取得了联系，成功邀约了张总周五下午来本公司参会。但是在邀请本公司各部门主管时却出现了问题。因为有些主管一直在工程现场，未能及时看到通知，待发现时，已经是周五中午，王秘书只得匆忙用电话通知三位部门主管迅速赶到开会地点。其中销售部主管刘强接到电话后不满地说："这么重要的会，为什么不早点通知，我下午约客户，会议只能让我的助手去开了。"王秘书急忙说："那可不行，总经理特别指示，有关人员务必准时出席。"刘强说："可是我已通知了客户，改期已来不及了，你说怎么办？"王秘书张了张嘴，可什么也说不上来。

10.3.3　任务分析

召开重要会议，一般都会邀请嘉宾到场，以完成会议既定议程和预期目标。会议邀请，是一项十分讲究礼仪的会议准备工作。在确定邀请名单、收集嘉宾信息、编写邀请函、确认参会回复等重要环节上，都要认真做好，措施到位。请结合情景分析王秘书应该如何做好会议邀请工作？

10.3.4 知识准备

1. 会议邀请的目的和重要性

（1）会议邀请的目的：会议邀请的目的是向受邀者传达会议的信息，包括会议的议题、时间、地点等，并邀请他们参加会议。

（2）会议邀请的重要性：会议邀请是会议筹备的重要环节，它关系到受邀者能否及时了解会议信息并出席会议，同时也是展示主办方专业性和组织能力的重要机会。

2. 会议邀请的类型和特点

（1）会议邀请的类型：根据会议的性质和目标，会议邀请可以分为正式邀请和非正式邀请。正式邀请通常采用书面形式，如邀请函等；而非正式邀请则可以采用口头形式或电子邮件形式等。

（2）会议邀请的特点：会议邀请的特点包括明确的信息传递、礼貌的语言表达和合适的时间安排等。

3. 会议邀请的准备工作

（1）确定邀请名单：根据会议的议题和目标，确定需要邀请的人员名单。在确定邀请名单时，需要考虑受邀者的专业背景、影响力、人际关系等因素，以确保会议的质量和效果。

（2）收集受邀者信息：收集受邀者的基本信息，如姓名、职务、联系方式等。这些信息可以帮助主办方更好地了解受邀者的需求和意愿，从而制订更加精准的邀请计划。

（3）编写邀请函：根据会议信息和受邀者的需求，编写清晰、明确的邀请函。邀请函应包括会议的日期、时间、地点、程序和重要议题等信息，同时要使用简洁明了的语言，避免使用难以理解的术语或缩写词。

（4）确认参会回复：为受邀者提供多种确认方式，并跟踪确认情况，确保受邀者能够及时出席会议。确认参会回复是确保会议顺利进行的重要步骤，也是展示主办方组织能力和专业性的重要环节。

10.3.5 任务实施

在上述情景描述中，王秘书的任务是邀请各部门主管和明日公司总经理张总出席周五下午的洽谈会议，王秘书在任务实施中存在如下问题。

（1）邀约方式问题：王秘书通过在公司布告栏上贴一张通知来告知各部门主管会议信息。这种方式并不可行，因为有些部门主管一直在工程现场，未能及时看到通知。这说明王秘书在邀约方式上存在失误，没有考虑到一些部门主管可能无法及时看到通知的情况。为了避免这种情况的发生，王秘书应该提前通过电子邮件或电话等方式向各部门主管发送会议通知，确保他们能够及时收到会议信息。邀约可大体分为普通邀约、会员邀约、定向邀约、渠道邀约四种。顾名思义，普通邀约就是针对普通的参会者发出邀请，比如往届的会议参加者、在官网上填写过信息的用户。这部分人基数大，重要程度低于特邀嘉宾等，但是直接关系着会议的规模，因此需要尽量争取到更多的确认参会者。在邀约方式选择上，秘书人员可以利用邮件、短信等渠道，无差别化地传递会议信息，包括会议的时间、地点、程序、拟邀嘉宾、报名通道等。

（2）重要信息提醒问题：在发现有三位部门主管未能准时到会后，王秘书急忙用电话通知这三位部门主管迅速赶到开会地点。这说明王秘书已经意识到了邀约方式的问题，并采取了补救措施。但是，这也暴露了王秘书在重要信息提醒方面的不足。为了避免类似情况的发生，王秘书应该在会议前一天再次向各部门主管发送会议通知，并在通知中强调此次会议的重要性，提醒他们务必准时出席。

（3）应对困境缺乏经验：面对销售部主管刘强的抱怨和难处，王秘书不知道该怎么办。这说明王秘书在应对困境方面缺乏经验。在这种情况下，王秘书可以向总经理或其他有经验的同事寻求帮助，了解如何应对类似的问题。同时，王秘书也应该在今后的工作中加强学习和积累经验，提高自己应对困境的能力。

会议邀请是会议筹备的重要环节，它关系到受邀者能否及时了解会议信息并出席会议，同时也是展示主办方专业性和组织能力的重要机会。在会议邀请的实施过程中秘书人员需要做好如下工作。

1. 确定邀请名单

确定邀请名单是会议邀请的第一步，也是非常关键的一步。邀请名单的确定应该根据会议的议题和目标来进行，需要考虑受邀者的专业背景、影响力、人际关系等因素，以确保会议的质量和效果。

确定邀请名单应该遵循以下几点原则。

（1）根据会议议题和目标确定邀请对象。

应根据会议的议题和目标，确定需要邀请的人员名单。例如，如果会议是讨论技术问题，那么邀请的对象应该是相关领域的专家和学者；如果会议是讨论商业问题，那么邀请的对象应该是相关的企业家和投资者；等等。

（2）考虑邀请对象的专业背景和影响力。

在确定邀请名单时，应该优先考虑具有影响力的专家和学者，以保证会议的权威性和影响力。

（3）考虑邀请对象的人际关系。

在确定邀请名单时，应该考虑邀请对象之间的人际关系，尽量避免出现矛盾和冲突，以确保会议的顺利进行。

（4）确定邀请人数。

在确定邀请名单时，应该考虑会议的规模和预算，确定合适的邀请人数。

2. 收集受邀者信息

确定邀请名单后，接下来需要收集受邀者的基本信息，包括姓名、职务、联系方式等。这些信息可以帮助主办方更好地了解受邀者的需求和意愿，从而制订更加精准的邀请计划。

收集受邀者信息应该遵循以下几点原则。

（1）确保信息的准确性。收集受邀者信息时，应该确保信息的准确性，避免出现错误或遗漏。

（2）及时更新信息。受邀者信息应该及时更新，以保证信息的准确性和完整性。

（3）保护受邀者隐私。收集受邀者信息时，应该保护受邀者的隐私，避免泄露敏感信息。

3. 编写邀请函

编写邀请函是会议邀请的重要环节之一。编写邀请函应该遵循以下几点原则。

（1）明确会议信息。邀请函应该明确会议的日期、时间、地点、程序和重要议题等信息，以便受邀者更好地了解会议内容。

（2）使用简洁明了的语言。邀请函应该使用简洁明了的语言，避免使用难以理解的术语或缩写词。

（3）明确特殊要求和注意事项。如有特殊要求或注意事项，应该在邀请函中明确说明，以便受邀者更好地了解会议安排。

（4）注意排版和格式。邀请函的排版和格式应该统一、规范，以保证邀请函的正式和专业。

4. 确认参会回复

确认参会回复是会议邀请的最后一步，也是确保会议顺利进行的重要步骤。确认参会回复应该及时、准确，以便更好地安排会议相关事宜。

确认参会回复应该遵循以下几点原则。

（1）及时确认回复。应及时确认受邀者是否参加会议，以便更好地安排会议相关事宜。

（2）准确确认回复。确认回复应准确，避免出现错误或遗漏。

（3）确认参会回复时应与主办方沟通。应该与主办方沟通会议相关事宜，如住宿、交通等问题。

5. 应对困境

在邀请参会人员的过程中，可能会遇到一些问题，比如受邀者无法出席会议等。为了应对这些困境，主办方应该提前制定应对策略，比如调整会议时间、寻找替代人选等。同时，主办方应该加强与受邀者的沟通，及时了解他们的需求和问题，以便及时采取措施。

6. 注意事项

在邀请参会人员的过程中，还有一些需要注意的事项。比如，对于一些重要的参会人员，可以采取电话邀请或面对面邀请的方式，以示尊重和重视。同时，要注意会议邀请的时效性，避免过早或过晚发送邀请函。此外，还要注意会议邀请的细节，比如邀请函的字体、排版等，以确保邀请函的正式和专业。

10.3.6 课后任务布置

（1）会议邀请的形式有哪些？
（2）请制作一张会议邀请函。
本节思维导图如图 10-7 所示。

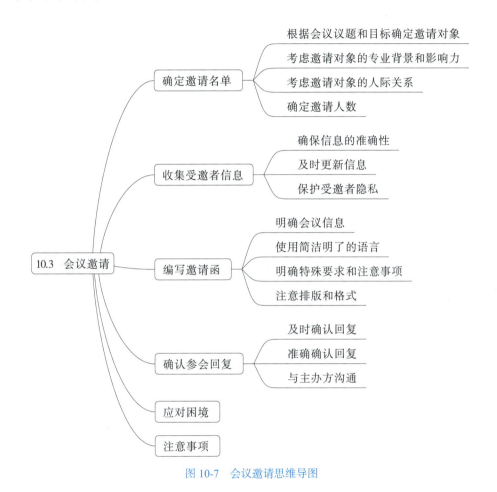

图 10-7 会议邀请思维导图

知识拓展

会议邀请函的写法

会议邀请函的基本内容与会议通知应一致，包括会议的背景、目标和名称，主办单位，会议内容和形式，参与对象，会议的时间和地点，联络方式，以及其他需要说明的事项。会议邀请函由以下几部分组成。

1. 标题

由会议名称和"邀请函（书）"组成，一般可不写主办单位名称和"关于举办"的字样，如"亚太城市信息化高级论坛邀请函"。"邀请函"三字是完整的文种名称，与公文中的"函"是两种不同的文种，因此不宜拆开写成"关于邀请出席××会议的函"。

2. 称呼

邀请函的发送对象有三类。

（1）发送到单位的邀请函，应当写单位名称。由于邀请函是一种礼仪性文书，称呼中要用单称，不宜用泛称（统称），以示礼貌和尊重。

（2）邀请函直接发给个人的，应当写个人姓名，前冠"尊敬的"等敬语词，后缀"先生""女士""同志"等。

（3）网上或报刊上公开发布的邀请函，由于对象不确定，可省略称呼，或以"敬启者"统称。

3. 正文

正文应逐项载明具体内容。开头部分写明举办会议的背景和目标，用"特邀请您出席（列席）"照应称呼，再用过渡句转入下文。主体部分可采用序号加小标题的形式写明具体事项。最后写明联络信息和联络方式。结尾处也可写"此致"，再换行顶格写"敬礼"，亦可省略。

4. 落款

因为邀请函的标题一般不标注主办单位名称，所以落款处应当署主办单位名称并盖章。

5. 成文时间

写明具体的年、月、日。

第十一章

会中服务

知识目标

1. 掌握接站工作的程序和要求;
2. 熟悉会议记录的编写方法。

能力目标

1. 具备细致的工作能力;
2. 能合理安排会议组织工作中的不同环节。

11.1　接站工作

11.1.1　情景导入

某公司有一名重要的客户即将到达机场,公司指派行政助理张小姐负责接站工作。张小姐在机场迎接客户,并带领客户乘坐公司提供的豪华轿车前往酒店。在车上,张小姐与客户进行了简短的寒暄,并询问了客户的需求和期望。

然而,在到达酒店后,客户对酒店的档次和设施表示不满意,认为公司的接待标准不够高。张小姐感到很尴尬,并开始反思自己的工作有哪些不足之处。

经过思考,张小姐认识到自己在接站工作中存在以下问题。

第一,没有提前了解客户的背景和需求,导致对客户的接待标准不够高。

第二,没有提前与酒店沟通细节,导致酒店的档次和设施没有达到客户的期望。

第三,在与客户的交流中,没有充分展现公司的专业性和服务质量。

张小姐意识到,这些问题不仅影响了客户的体验,也影响了公司形象。因此,她决定在以后的工作中采取以下措施来改进接站工作。

首先,与客户提前沟通,了解客户的背景和需求,以便提供更为合适的接待服务。可以通过电话和邮件与客户联系,询问客户的喜好、需求和期望。

其次,与酒店提前沟通,确保酒店的档次和设施能够满足客户的需求和期望。也要与酒店沟通细节,包括房间的布置、餐饮服务、设施配备等,以确保酒店能够提供高品质的接待服务。

最后,努力在与客户的交流中展现公司的专业性和服务质量。可以提前准备公司的资料和产品介绍,以便在与客户交流时能够清晰地介绍公司的情况。

通过以上改进措施,张小姐的接站工作得到了客户的认可和好评,为公司树立了良好的形象。

11.1.2　情景描述

5月9日上午11点,明日公司的王总经理一行8人将乘飞机到达广州。天地公司副总经理陈总指派秘书小李做此次接站工作。

秘书小李初步构想了接站工作安排:提前半个小时由天地公司副总经理陈总、办公室主任刘某、旅游分公司经理杨某、秘书小李、司机小刘一行5人在广州国内航班出口处等待,安排了一辆小轿车和一辆小巴士,可沿着宽阔的机场高速路直达市区天地公司总部大楼。等秘书小李把自己构想的接站安排汇报给陈总时,陈总表示小李还是欠考虑了,这让小李有点摸不着头脑……

11.1.3　任务分析

接站工作是与会人员到达会议举办地后的第一个接待环节,做好接站工作能够给与会人员留下良好的第一印象。在上述情景中,秘书小李在安排接站工作时,遗漏了很多重要的细节。秘书小李重新制订了接站方案,递交给陈总后,终于得到了陈总的认可。

思考:秘书在接站过程中需要做好哪些工作?

11.1.4　知识准备

1. 接待准备工作

(1)成立接待小组并完善接待信息。要成立专门的接待小组,由专人负责,形成统一的指挥调度系统,并安排好分工。

如果负责接待的人数较多,可以进行分组,每组选出一至两位负责人对接一辆车。应填写"接待人员信息表",如表 11-1 所示。

表 11-1　接待人员信息表

组别	负责人	职务	联系方式	组员名单	司机和车牌号

如果负责接待的人数较少,可以直接安排好人员,不用进行分组。

除了明确分工,接待人员还要统一着装、注意仪容仪表、穿戴合适,给客人留下亲切、热情的印象。

(2)完成"会议代表接站安排表"。根据参会人员回执,确认相应交通工具和抵达时间后,制成"会议代表接站安排表",如表 11-2 所示。

表 11-2　会议代表接站安排表

姓名	性别	单位	职务	电话	车次	到达时间	到达地点	接待人员	出发时间	出发地点	接站司机	接站车牌号

（3）车辆安排。

要根据情况安排合适的车辆。根据此次需要，秘书小李与后勤部门协商，准备了 1 辆小轿车，1 辆商务车。

2. 接待工具

准备好"会议代表接站安排表"、手提扩音器、工作证、胸卡、接站标志物品等。

3. 接站

（1）提前到达机场或者车站。如果到站时间比较集中，可以通知客人在会议前一天报到，避免因为接站耽误会议时间。如果客人人数较少，到站的时间比较分散，会议接待人员一般应在客人到达前 15 分钟赶到接站点。如果客人人数较多，到站时间比较集中，会议接待人员可以提前 2～3 个小时赶到接站点。

（2）服饰穿着整洁、大方。高举接站标志，并将接站点设在离出口较近的地方。

（3）热情迎接客人，亲切介绍自己，核实客人身份，以免错接。

4. 乘车返回

把客人安排上车后，要选择合适的话题与客人交谈，切忌询问客人私人问题。

11.1.5　任务实施

1. 迎接客人的方法

（1）确定迎送规格。通常遵循身份相当的原则，即主要接待人员与主宾身份相当，当不能完全对等时，可灵活变通，由职位相当的人或副职出面。其他接待人员不宜过多。

（2）把握时间。精确把握客人到达和离开的时间，及早通知全体接待人员和有关单位。如有改变，应准时通知有关人员。接待人员应提前到达接站点，不能太早，更不能太迟，甚至迟到。

（3）适时献上鲜花。迎接一般来宾，一般不需要献花。迎接非常重要的来宾，可以献花。所献之花应为鲜花，并保持花束干净、艳丽。忌用菊花、杜鹃花、石竹花、黄色花朵。通常在参与接待的主要领导与主宾握手之后将花献上。可以只献给主宾，也可向全部来宾分别献花。

（4）不同的客人按不同的方式迎接。对大批客人的迎接，可事先预备特定的标志，让客人从远处即可看清；对首次前来，又不熟悉的客人，应主动进行自我介绍；而对比较熟识的客人，则不必介绍，仅向前握手、互致问候即可。

（5）留下休息时间。客人抵达住处后，给对方留下休息的时间，再支配活动。

2. 接站礼仪

（1）迎接礼仪。

① 到车站、机场去迎接客人，应提前到达，恭候客人的到来，决不能迟到让客人久等。

② 接到客人后，应主动问候"一路辛苦了""欢迎您来"等，然后向对方做自我介绍。

③ 接到客人后，应该主动询问客人是否需要帮助提行李等物品。

（2）引导礼仪。

① 在走廊的引导方法。接待人员应在客人几步之前，配合步调，让客人走在内侧。

② 上下楼梯时的引导方法。当引导客人上楼时，应该让客人走在前面，接待人员应走在后面；若是下楼，则应该由接待人员走在前面，客人在后面，上下楼梯时，接待人员应该注意客人的安全。

③ 乘坐电梯时的引导方法。引导客人乘坐电梯时，接待人员先进入电梯，等客人进入后关闭电梯门；到达时，接待人员按"开"的按钮，让客人先走出电梯。

（3）乘车礼仪。

① 接到客人后，应为客人打开车门，请客人先上车，接待人员应坐在客人旁边或司机旁边。

② 在车上接待人员要主动与客人交谈，告知客人会议的安排，争取客人的意见。

③ 客人询问相关情况，应积极告知。也可以积极主动地为客人介绍沿途风景。

11.1.6 课后任务布置

天地公司定于 2024 年 11 月 15 日在杭州举行分销商会议，共有新、老客户 20 人参加会议。假设你是此次会议接待工作的负责人，你会从哪些方面考虑会议的接站工作？

本节思维导图如图 11-1 所示。

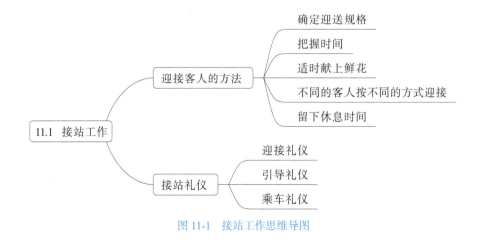

图 11-1　接站工作思维导图

11.2 编写会议记录

11.2.1 情景导入

某公司召开了一次内部高层会议，讨论公司近期的发展规划和策略调整。会议期间，公司领导就各项议题进行了深入的探讨，并做出了相应的决策。会后，公司指派了一名秘书负责编写会议记录，以便公司各部门能够充分了解会议内容和决策结果。

在编写会议记录的过程中，秘书遇到了一些问题。

首先，会议内容较为复杂，涉及多个议题和决策结果。为了解决这个问题，秘书决定在编写会议记录之前，先对会议内容进行梳理，列出会议程序和时间表，以便更好地掌握会议全局内容。

其次，会议记录需要清晰、准确地记录会议内容和决策结果，这给秘书带来了挑战。为了解决这个问题，秘书决定采取多种方式记录会议内容，如文字、表格、图表等，以便更清晰、准确地呈现会议信息。同时，秘书在编写完成后进行了多次校对和审核，并向相关部门征求意见，以便对会议记录内容进行修正和完善。

最后，会议记录需要对会议中涉及的重点问题进行整理和分析，以便各部门能够更好地理解会议的核心内容。秘书决定对重点问题进行针对性的整理和分析，将其单独列出或以附件形式附在会议记录后面，以便各部门查阅。

通过以上措施，秘书成功地完成了会议记录的编写工作，为公司各部门提供了准确、全面的会议信息。这次经历不仅提升了秘书的文档处理能力和组织能力，也为今后的工作积累了宝贵的经验。

11.2.2 情景分析

2023年11月2日上午10：00，天地公司正在召开一年一度的产品销量年度汇报会议。会议由副总经理主持，各部门经理参加。秘书小李负责此次会议记录工作。

如果你是秘书小李，你会如何完成此项工作？

11.2.3 任务分析

秘书小李若要完成会议记录工作，首先，需要做好准备工作，在会议开始前，应准备好必要的记录工具，了解会议的程序和背景资料，以确保能够准确记录会议内容。

其次，需要记录会议内容：在会议过程中，要认真听取各位部门经理的发言，详细记录会议中的重要内容，包括但不限于产品销量情况、销售策略、市场趋势、问题及解决方案等。

最后,要整理会议记录,完成会议记录的审核,经过审核后,将会议记录进行存档和备案,以便日后查考和使用。

11.2.4 知识准备

会议记录是记载会议基本情况的文字材料,是日后工作中可供查考的凭证。它可以为检查会议决议的贯彻执行情况、分析研究与总结工作提供依据。它的编写质量会直接影响其日后转化为档案的质量。因此必须重视会议记录工作。

1. 会议记录的格式

一般来说,会议记录包括两部分:一部分是会议的组织情况,要求写明会议名称、会议时间、会议地点、主持人、参会人员等;另一部分是会议内容,要求写明发言、决议、问题,这是会议记录的核心部分。会议记录示例如图11-2所示。

会 议 记 录

会议名称			
会议时间		会议地点	
主 持 人		参会人员	
会议内容:			

图 11-2 会议记录示例

会议结束,记录完毕,要另起一行写"散会"二字;如中途休会,要写明"休会"字样。

2. 会议记录的基本要求

(1)准确写明会议名称(要写全称)、会议时间、会议地点等内容。
(2)详细记下会议的主持人,参会人员,缺席、迟到或早退人数及其姓名、职务,记录者姓名。如果是群众性大会，只要记录参加的对象和总人数，以及出席会议的较重要的领导成员即可。如果是重要会议，参会人员来自不同单位，则应设置签名簿，请参会人员签署姓名、单位、职务等。

（3）忠实记录会议上的发言和有关动态。会议上发言的内容是记录的重点。记录发言的方法可分摘要与全文两种。多数会议只需要记录发言要点，即对发言者讲了哪几个问题，每一个问题的基本观点与主要事实、结论，对别人发言的态度等，做摘要式的记录，不必"有闻必录"。某些特别重要的会议或特别重要人物的发言，需要记下全部发言内容。

（4）记录会议的结果，如会议的决定、决议或表决等情况时，要忠于事实，不能夹杂记录者的个人情感，更不允许有意增删内容。

（5）会议记录一般不宜公开发表，如需发表，应由发言者审阅并征得发言者的同意。

11.2.5 任务实施

天地公司召开的产品销量年度汇报会议对下一年度公司的发展非常重要。会议记录是一项重要的会中工作。秘书小李要做好本次会议记录，需要按照如下步骤进行。

1. 做好必要的准备工作

秘书小李在会议开始前，需要准备好会议记录的记录用纸和草稿纸，此外还要准备记录用笔和录音笔等设备。

除了上述物品，为了保证会议记录的准确，李秘书还应在会前准备会议议程、参会人员名单、会议发言材料等资料。

2. 做好会议中的记录及录音

（1）准确写明会议名称（要写全称）、会议时间、会议地点、主持人、参会人员等信息。

（2）详细记下缺席、迟到或早退人数及其姓名、职务，以及记录者姓名。可设置签名簿，请参会人员签署姓名、部门、职务等。

（3）真实记录会议上的发言和有关动态。会议发言的内容是记录的重点。其他会议动态，如发言中的插话、笑声、掌声、临时中断以及别的重要的会场情况等，也应予以记录。有录音机的，可先录音，会后再整理出全文；若没有录音条件，应由速记人员记录；若没有速记人员，可以多配几个记得快的人记录，以便会后互相校对补充。

（4）记录会议的结果，如会议的决定、决议或表决等情况。

3. 对会议记录进行整理

在整理时，可以根据会议录音的内容对会议记录进行必要的补充，最后形成完整、准确的会议记录。

4. 进行会议记录审核与签名

秘书小李在完成以上步骤后，要将整理好的会议记录交给副总经理（会议主持人）

审核。审核无误后，秘书小李和副总经理应在会议记录末尾处签上名字。至此，会议记录的工作圆满完成。

11.2.6　课后任务布置

（1）做好会议记录的基本要求有哪些？

（2）会议记录的重点有哪些？

本节思维导图如图 11-3 所示。

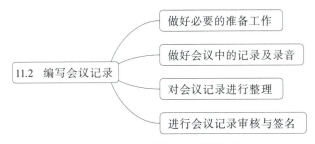

图 11-3　编写会议记录思维导图

知识拓展

做好会议记录的方法

（1）记录具体的发言时可以做摘要式记录。

一般会议只需要记录发言的要点，即要把发言者讲了哪些内容，每点内容的基本观点与主要事实、结论，以及对他人发言的态度等，进行摘要式的记录，而不必"有闻必录"。

对于某些特殊会议或重要人物的发言，则需要记下全部内容。如果有录音器或者录音笔，可先录音，会后再整理出全文。

（2）会议记录应分清主次，学会辨别重点与非重点内容。会议记录的重点内容主要包括：

① 会议中心议题以及围绕中心议题展开的有关活动；

② 会议讨论、争论的焦点及各方的主要见解；

③ 权威人士或代表人物的言论；

④ 会议开始时的定调性言论和结束时的总结性言论；

⑤ 会议已议决的或议而未决的事项。

第十二章

会场善后

知识目标

1. 掌握送别工作的工作要点；
2. 明确会场清理的内容和程序；
3. 掌握会议文件的整理要求。

能力目标

1. 能够独立完成会场的善后工作，具备协作能力；
2. 具备总结提高能力，会议结束后，能够及时进行总结分析，查找不足，研究改进的措施。

12.1 送别工作

12.1.1 情景导入

公司最近有一位高级管理人员即将退休，公司将为其举办欢送会，秘书小李被委派为欢送会的负责人。

小李与公司领导和这位即将退休的高级管理人员进行了沟通，以了解他们的需求和期望。公司领导希望欢送会能够体现公司对这位高级管理人员的重视和感激，同时也希望欢送会能让他度过一个难忘的时刻。小李根据公司领导的需求，开始策划欢送会的细节。

为了确保欢送会的顺利进行，小李提前与会场管理人员联系，安排合适的场地，并确保会场设备齐全。同时，他还与餐饮部门合作，准备精美的食物和饮料，以满足员工的口味需求。

在欢送会的前几天，小李与公司内部的同事进行了沟通和协调，确保所有同事都能按时参加。他还向外部供应商采购了必要的物资，如鲜花、纪念册、纪念杯等，以确保欢送会会场的布置能够营造出温馨的氛围。

在欢送会当天，小李提前到达会场，检查各项准备工作是否就绪。当高级管理人员到达会场时，他被温馨的氛围和精美的布置所感动。

在欢送过程中，小李时刻关注这位高级管理人员和其他相关人员的需求，为他们提供了及时的协助。他确保这位高级管理人员能够充分感受到公司对他的重视和感激，同时也让其他同事们度过了一个难忘的时刻。

最终，这场欢送会取得了圆满成功，这位高级管理人员感到无比荣幸和感动。小李也感到非常满意，他意识到自己在组织活动中的重要性，并决定在未来的工作中更加注重细节和创新。

12.1.2 情景描述

天地公司召开的新产品订货会取得了圆满成功。总经理秘书小李清楚地知道，对于秘书而言，虽然会议已经结束，但是秘书的会务工作远远没有结束。做好会后的送别工作非常重要。

随着主持人最后的送别话音落下，李秘书已经和其他工作人员等候在会场出口引导与会人员退场和安排送别工作了。

送别工作是会议结束阶段工作中的一个重要环节，这一环节如果处理得不好，就会使整个会议的总体效果大打折扣，会使先前的工作和成果前功尽弃。你能否帮助李秘书梳理清楚最后的送别工作具体有哪些环节呢？

12.1.3　任务分析

要使整个会议完整有序、有始有终，就一定要认真、周到地做好送别工作，切不可掉以轻心或疏忽大意。秘书人员在最后的送别环节，应该根据与会人员的情况，提前将为其预订的回程票发放，结清会务费用，安排足够的车辆送站。

12.1.4　知识准备

1. 送别工作的概念

送别工作，在此特指东道主在异地来访的重要客人离开本地之时，结清会务费用、发放回程票，引导与会人员离场，安排车辆，并特地委派专人前往客人返还时的启程之处，与客人亲切告别，并目送对方渐渐离去。

2. 注意事项

在送别工作中需要为之安排的对象主要有：正式来访的外国贵宾、远道而来的重要客人、关系密切的协作单位的负责人、重要的合作单位的有关人员、年老体弱的来访之人、携带行李较多的客人等。另外，当客人要求主人为之送行时，一般可以满足对方的请求。

考虑为客人送行的具体时间问题时，重要的是要兼顾下列两点：一是切勿耽误客人的行程，二是切勿干扰客人的计划。

为客人正式送别的常规地点，通常应当是客人返还时的启程之处。例如，机场、码头、火车站、长途汽车站等。倘若客人返还时将直接乘坐专门的交通工具，从自己的临时下榻之处启程，则也可将客人的临时下榻之处作为送别的地点，例如，宾馆、饭店、旅馆、招待所等。

举行送别仪式的话，送别的地点往往要选择适合举行仪式的广场、大厅等地点。为客人送别之际，送别人员在礼节上应多加注意。一是要与客人亲切交谈，二是要与客人握手作别，三是要向客人挥手致意，四是要在客人走后再离去。

12.1.5　任务实施

送别工作具体包括：结清包括餐费、住宿费、交通费等在内的会务费用；发放回程票，安排车辆送站；引导与会人员离场；安排专人送别。

1. 结清会务费用

会议通知上一般会提示与会人员参加会议时准备好会务费用，会议结束后，会议主办方应及时安排与会人员结算会务费用。

2. 发放回程票，安排车辆送站

会议结束时，应通知与会人员到会务组领取代为预订的回程票。同时，会议主办方要提前安排车辆和人员，根据与会人员返程的需要组织送站。会议主办方应根据车辆的承载量安排合适的车辆为与会人员送行。

首先，要根据需送站人员的职务、人数及所预订返程票的时间，确定交通工具的类型，如小汽车、商务车、普通中巴、大巴等，并合理分配运力。

其次，要安排好车辆送站的负责人、路线和时间，确保与会人员安全、及时、舒适地到达车站、码头或机场，以免耽误行程。

最后，在送站时，要同接站一样注意相关礼仪。

如果在炎热潮湿的地区使用车辆，可考虑安排空调车。在多尘或吵闹的地区，空调设备也可以使与会人员感到舒适。在送别客人时，应提醒其携带好个人物品，不要有遗漏。这样既可以减少与会人员匆忙回头寻找遗落物品的可能，又可为自己省去保管遗落物品，甚至送递和邮寄的麻烦。有时，因各种原因，有些与会人员必须暂时留下来，这时就需要做好滞留人员的食宿安排。

3. 引导与会人员离场

会议结束后，秘书人员就要与会务组工作人员一道引导与会人员有秩序地离开会场，按计划有序送站。

在通常情况下，都是主席台上的领导退场后，其他与会人员再离场。如果会场有多条离场通道，领导和其他与会人员可以同时离场。

大型会议还要注意引导车辆迅速、有序地离场，必要时可派专人指挥。

4. 安排专人送别

对于本地客人或一般客人，在会议结束后，会议主办方可安排礼仪小姐或专门的工作人员，将其欢送至会场门口、酒店门口、单位大门外或停车场门口。对于职务高或身份特殊的客人，会议主办方则应安排领导送行。

对于需送站的一般客人，会议主办方安排专门的工作人员送行即可。如果是身份特殊的客人，则应根据其身份、职务等安排合适的领导送至车站、码头或机场。如有需要，还应提前到其下榻之处进行话别并赠送礼物。在送别时一定要充分注意礼仪，向对方表达出诚挚的惜别之情。

12.1.6 课外任务布置

（1）实训项目：做好外地与会人员的送站工作。

（2）实训内容：假如你是某学院办公室秘书，请你根据与会人员返程的需要，拟定与会人员送站安排表。

本节思维导图如图 12-1 所示。

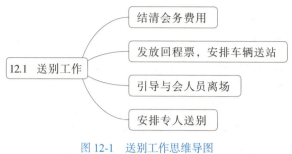

图 12-1 送别工作思维导图

12.2 会后工作

12.2.1 情景导入

随着夜幕的降临，某公司的新产品订货会在一片掌声和欢笑声中圆满落幕。来自全国各地的经销商、合作伙伴以及业界专家，都对这次会议给予了高度评价。李秘书从会议筹备到执行，在每一个环节都倾注了她的心血。她知道，这次会议的成功不仅仅在于展示了公司的新产品，更在于为与会人员提供了一个深入交流、共谋发展的平台。

然而，李秘书深知，尽管会议取得了圆满成功，但她的会务工作还远未结束。

送别结束后，李秘书和团队成员回到会议室，开始了整理会场、清理垃圾等会后工作。他们需要继续总结经验、反思不足、不断提高服务水平，做好会后工作，为公司未来的发展做出更大的贡献。

12.2.2 情景描述

2022年8月18日，天地公司与上海海洋公司在华美大酒店会议厅举行合作签约仪式。签约仪式结束后，会议主办方天地公司总经理秘书小张需要完成会后工作。

秘书小张首先交代酒店服务人员整理好会场，随后与酒店结清了租借会议厅的开支费用，带着笔记本电脑、席卡、资料等开车返回了公司。回公司后，秘书小张将会议记录整理打印交总经理过目。忙完这一切，秘书小张刚准备下班回家，就接到酒店服务人员的电话，询问会标、通知牌、方向标志应该如何处理。小张这才想起来，因为忙着送别客人，匆忙间只是交代了酒店服务人员整理会场，没有把会后工作妥善安置好。随后小张又匆忙赶往了会场……

请结合情景描述，分析会后工作主要有哪些？

12.2.3 任务分析

会后工作是会议结束阶段的最后一个环节,是对整个会议组织工作的归纳总结,也是把会议的讨论决定布置下去,以贯彻执行的先决条件。会后工作包括会场清理、会费结算、会议文件收集、会议文件整理等工作。

12.2.4 知识准备

当主持人宣布会议结束的时候,这并不意味着会务组工作人员的任务已经结束,反而代表着一个新阶段(会议结束阶段的最后一个环节)的工作开始了。

会议结束阶段的工作内容主要包括送别工作、会后工作等。

与会人员离场后,会务组工作人员需要着手会后工作。

如果是外借会场(如酒店),就需要与对方结算会议开支费用;归还会议所借物品,将自带的物品(如笔记本电脑)带回;发现遗失物时,要妥善保管,并尽量联系失主。

如果使用的是单位内部会场,会场的善后工作就简单得多,主要是对会场进行清理。

12.2.5 任务实施

1. 会场清理

会场清理有两种情况:如果是在本单位的会议室开会,会务组工作人员只需将会标、桌牌等针对本次会议的相关标志撤走,把会议室恢复原状即可。但如果是外借会场和租赁设备,会场清理工作就复杂了许多。

在会议准备阶段,要将一些会议文件放置在与会人员的会桌上,这些文件中,有些是让与会人员带走的,还有一些讨论稿、机密文稿等是要清退的,会务组工作人员要及时清理收回相关文件,需要保存的保存好,需要销毁的,按销毁制度进行销毁。

会场清理的内容和程序如下所示。

(1)将租用或借用的设备、器材还给租用或借用单位;不能及时归还的,应将其归库,并派专人保管。

(2)撤走会场的临时性布置,包括会标、彩旗、绿植等。

(3)清点会议用品、用具,能再次使用的要归库管理。

(4)将会场中搬动过的桌椅恢复原样,并将地面、门窗清扫或擦洗干净。

(5)撤走会场外的会议标志,如通知牌、方向标志等。

(6)清理回收会议文件。

(7)通知配电人员切断会场不再使用的电源;通知服务人员关闭会场。

2. 会费结算

会费结算包括两项内容:一是会务组和宾馆、酒店等结算会议开支费用;二是会务组和单位财务部门结算会议开支费用。

会费结算的程序如下：通知与会人员结算的时间、地点→清点费用支出发票→核实发票→填写报销单→将发票贴于报销单背面→请领导签字→到财务部门报销→与相关部门及人员结算费用。

秘书要提醒与会人员结算食宿等相关费用。会议结束后，应及时清点整个会议费用的实际支出，对照会前经费的实际预算逐笔核对。核实发票后应填写报销单，按报销要求将发票用胶水粘贴在报销单背面，请主管领导签字后即可去单位财务部门报销。最后，应将经费使用情况向领导汇报。

特别提醒

开具会议食宿费发票时，需要向宾馆、酒店等索取盖有发票专用章的正式发票，保证开立的发票与收取的费用相等。发票的服务项目一栏如何填写需要询问宾馆、酒店等，以利于其账目管理。

食宿费一般不包括使用房间长途电话的费用、在酒店签章的费用等。会议主办方可以事先要求宾馆、酒店提供这些服务项目，或与与会人员说清楚。

3. 会议文件收集

（1）会议文件收集的要求。

① 确定好会议文件的收集范围。

② 保密文件要按会议文件资料清退目录和发文登记簿逐人、逐件、逐项检查核对，以杜绝保密文件清退出现死角。

③ 收集工作要及时，应确保文件资料在与会人员离开之前全部收齐。

④ 收集过程中应注意保密。

⑤ 会议文件收集要履行严格的登记手续，认真检查文件资料的缺件、缺页等缺损情况，以便及时采取措施进行弥补。

（2）会议文件收集的范围。

① 会前准备并分发的文件，包括指导性文件、审议表决性文件、宣传交流性文件、参考说明性文件、会务管理性文件等。

② 会议期间产生的文件，包括决定、决议、议案、提案、会议记录、会议简报、重要照片、录音录像等。

③ 会后产生的文件，包括会议纪要、传达提纲、会议新闻报道、论文集等。

4. 会议文件整理

一些资深秘书具有丰富的经验，他们所做的会议记录一般不需要整理，可以直接送审、存档。但经验不足的秘书所做的会议记录，可能存在按原话照搬，或漏记、错记现象，就需要会后进行修改和补充。作为文件下发，或作为新闻报道用的报告、领导讲话，重要的与会人员的报告、讲话，也需要进行整理。

有些会议结束后，需要将会议文件汇编成册。会议文件汇编有两种方式：一种是将传达、贯彻会议精神用的会议正式的主要文件汇编；另一种是将会议所有的文件，包括会议作息时间表、分组名单、会议须知等各种材料都收集起来，分门别类或按时间顺序装订成册。

会议文件整理归档的范围如下所示。

（1）会议的正式文件，如决议、决定、指示、领导讲话、开幕词、闭幕词等。
（2）会议的参考文件。
（3）会议上的各种发言稿。
（4）会议正式文件的历次修改稿。
（5）会议上领导的讲话记录稿、修改稿。
（6）会议的各种简报。
（7）会议记录。
（8）选举材料。
（9）各种证件。
（10）记事表。
（11）其他有关材料。

这里的会议文件整理归档指将归档的会议文件以件为单位装入"案盒"的过程。根据《归档文件整理规则》，归档文件整理，即将归档文件以件为单位进行装订、分类、排列、编号、编目、装盒，使之有序化的过程。归档文件的单位是"件"。一般以每份文件为一件，文件正本与定稿为一件，正文与附件为一件，原件与复印件为一件，转发文与被转发文为一件，报表、名册、图册等一册（本）为一件。

特别提醒

会议文件整理归档的程序

（1）确定归档范围。
（2）整理归档文件。
（3）以"件"为单位进行装订。
（4）确定分类方法。
（5）给文件编号。
（6）编写文件目录。
（7）拟写题名（标题）。
（8）排出文件页数。
（9）装盒并填写案盒封面、盒脊及备考表项目。

12.2.6　课后任务布置

实训目标：通过实训，要求学生熟悉会后工作的内容。

实训背景：天地公司拟定于 2024 年 9 月 5 日和 6 日召开新产品介绍会，介绍会上拟推出天地公司 2024 年的数码类新产品。为此天地公司经理以上级别的员工在会议开始前一周召开了座谈会，商讨筹办事宜。会议决定，总经理秘书小张负责新产品介绍会的会后工作。

实训内容：假如你是秘书小张，请你模拟完成会后工作。

本节思维导图如图 12-2 所示。

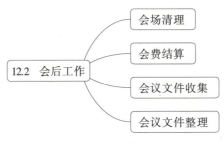

图 12-2　会后工作思维导图

知识拓展

传达与落实会议精神

1. 传达要求

会议精神，特别是会议决定事项的传达一定要遵循准确、及时、到位的要求。准确，即原原本本地传达会议精神，既不断章取义，也不随意取舍；及时，即会议开完后，与会人员要按会议要求按时将会议精神传达给相关人员，既不能拖延，也不能隐瞒；到位，即根据会议精神的传达范围，会议精神的传达要直达其人。对于具有保密性的会议事项，与会人员要严格遵循保密规定。

2. 传达方式

传达的方式有口头传达、书面传达、录音录像传达等。其中，口头传达包括个别传达、会议传达和电话传达；书面传达包括会议记录、会议简报、会议决定和决议、会议决定催办通知单等。一般来说，口头传达最为快捷，书面传达最为可靠，录音录像传达需要确保其来源真实可靠。

3. 对会议决定事项进行催办

催办是指秘书人员对有关单位或部门落实会议决定事项办理情况的检查和催促。会后催办对做好会议精神的传达贯彻，落实会议的各项决定具有重要意义。主要催办形式有三种。

（1）发文催办，即向执行单位或部门发送催办函或催办单。

（2）电话催办，电话催办比发文催办更为快捷、方便，适用于本地区、本系统、本单位的一般工作部署。电话催办除快捷、方便外，还有两个优点：一是可以直接找到执行的当事人，二是可以双向沟通。

（3）秘书催办，重要、紧急的决定、决议下达之后，领导机关往往派秘书去催办。

4. 会议决定事项落实情况反馈

会议决定事项落实情况反馈指将会议精神传达给执行者后，秘书人员通过各种途径将执行者的意见及执行情况收集起来,反映给领导者的过程。它既是实现会议决定目标的主要环节,又是对会议决定进行检验、制约和完善的主要环节。同时,通过信息反馈,领导可以及时了解情况,以便正确行使指挥职能。

5. 会议决定事项实施

会议精神按程度和范围传达到位之后,执行者的任务就是对会议决定事项具体实施。为执行到位,一般采取以下具体实施措施。

(1) 会议决定执行任务的具体分工。

(2) 会议决定的实施是一项复杂的系统工程,需要各部门、各系统的沟通与合作。所以,各部门必须搞好沟通,团结配合,步调一致,以保证任务的顺利完成。

(3) 执行者可以根据任务分工情况及完成情况,制定出任务完成进度表;领导者则通过进度表或其他反馈渠道进行监控管理,以保障任务按时按质完成。

(4) 完成后,领导者对执行者进行效益考核。考核可采取多种方法,一般采取领导考核、自我评定与群众评议相结合的方法。

第四篇

接待事务管理

第十三章

个人来访接待

知识目标

1. 熟悉个人来访接待工作的类型和礼仪;
2. 掌握个人来访接待工作的基本程序和内容。

能力目标

1. 掌握灵活多样的接待技能,培养严谨、规范的办公室工作素质;
2. 能根据不同的接待对象,制订切实可行的个人来访接待方案并实施接待工作。

13.1 有约接待

13.1.1 情景导入

国际奥委会主席巴赫一行来访恒源祥

2024年5月19日上午，国际奥委会主席巴赫一行来访恒源祥。恒源祥集团创始人刘瑞旗、恒源祥集团董事长兼总经理陈忠伟等人进行了热情接待。

在恒源祥大厦内，少儿合唱团唱响了奥林匹克会歌，并向巴赫主席献上"永不凋谢"的绒线花束。巴赫主席饶有兴致与孩子们聊起喜爱的运动项目，并将奥林匹克徽章赠送给在场的孩子们。随后，刘瑞旗邀请巴赫主席一行与集团班子成员、孩子们一同合影留念。

欢迎仪式后，陈忠伟着重向巴赫主席介绍了一楼前台的时间墙，时间墙上标明了恒源祥与奥运之间重要的时间节点。一楼的文化与历史展厅中，青年员工为巴赫主席讲解了恒源祥的奥运历史，让巴赫主席对恒源祥的文化、体育、公益等品牌事业有了更加深入全面的了解。在座谈交流环节中，刘瑞旗向巴赫主席介绍了自己参与火炬传递的经历。巴赫主席表示，国际奥委会与恒源祥之间的合作不仅仅是提供服装，更是一种友谊，自己现在常常穿恒源祥服装，在用身心感受着恒源祥。最后，刘瑞旗、陈忠伟与巴赫主席互赠了极具纪念意义的礼物。

资料来源：https://sports.sohu.com/a/781396856_230791[2024-06-12].

13.1.2 情景描述

华南公司最近几年不断研发新产品，业务发展迅速，前来洽谈事务或参观学习的人员不断增多，秘书小李随时都可能会遇到各种各样的来访者。

周三上午9：40，小李正在打印一份文件，远大公司的高级工程师钱先生走进了办公室，他和王总经理约好上午10：00面谈业务。而此时王总经理正与另一位重要客人热烈地交谈着，会客室里不时传来两人爽朗的笑声。有约来访中，如果来访者比约定的时间来得早一些，或领导因工作关系，不能马上接待，那么秘书人员应如何处理？

13.1.3 任务分析

秘书部门是综合办公部门，秘书人员在上下、左右、内外的综合沟通中具有中介作用，每天都要接待大量到本单位访问和办事的各方来访者。因此，秘书人员应具备良好的待客心理。良好的待客心理的核心就是强烈的"角色意识""服务意识"，体现一个

"诚"字,即秘书或相关接待人员应站在对方的立场上,将心比心,以诚相待。良好的待客心理具体可以表现为热情开朗、温和有礼、和蔼可亲、举止大方,这样才有助于赢得来访者的好感,缩短彼此的心理距离。

13.1.4 知识准备

1. 个人来访接待的类型

个人来访接待是办公室的一项常规性工作。秘书或相关接待人员应在心理上、态度上做好迎接来访者的准备,让领导能更有效率地开展工作,为单位的形象和利益服务。个人来访接待按事先是否有约定,可分为有约接待和无约接待,如表13-1所示。

表 13-1 个人来访接待的类型

接待项目	类型	含义和注意事项
个人来访接待	有约接待	有约接待指对事先与本单位有约定的来访者的接待; 在有约接待中,秘书应该在程序上周密布置,在人力、财力、物力上有充分准备
	无约接待	无约接待指对事先与本单位无约定的来访者的接待; 在无约接待中,秘书要随机应变,灵活处理,既不失礼貌风度,又不能让无约来访者耽误领导和自己的正常工作

2. 个人来访接待工作的礼仪

(1)仪容仪表。

① 面部保持清洁,头发干净整齐,发型简单大方,不使用有浓烈气味的发乳或化妆品。男性每天剃须,女性不宜化浓妆。保持双唇和牙齿的干净,消除口腔中的异味。

② 工作时间要穿规定制服,制服应笔挺整洁,工号牌佩戴在胸前。衣服纽扣依次扣好,不可将袖子、裤子卷起。

③ 每日上班前要检查仪容仪表,不能在公共场合剪指甲、掏耳朵、揉眼、搔头皮、挖鼻孔和对人喷烟等,可以到卫生间或者是工作间整理仪容仪表。

(2)接电话的礼仪。

一般电话铃声一响,秘书或相关接待人员就应及时接起电话,如果铃声响过三次以上再接起电话,就要先说:"对不起,让您久等了。"再介绍自己:"您好!这是××公司×总的秘书×××,需要我帮忙吗?"接电话时应注意说些"好""是"之类的话语进行回应,让对方感受到你在认真听,不要轻易打断对方。

如果被拜访者不在,可主动提供帮助,如"需要我转告吗?"如果需要对方把电话打到别的部门可以说:"您要找的人,在××部门,请您再拨一次电话。"或者说:"××部门电话号码是××××××××。"对方若要求记录,应马上进行记录,记录完毕后,应再核对一遍记录的内容,以免遗漏。

接打电话时，尽可能说普通话，说话声音要亲切自然，语言表达要简明扼要、吐字清晰。虽然看不到对方，但打电话时仍需面带微笑，面带微笑的声音也是富有感染力的。

通话完毕，要等对方先挂机后再挂机，挂电话时，声音不要太大，以免让人产生粗鲁无礼之感。接电话时，如果中途有事，必须中断一下，则时间不应超过30秒，而且应该恳求对方谅解。

（3）问候礼仪。

① 招手。向远距离的来访者招手时，应伸出右手，右胳膊伸直高举，掌心朝着对方，轻轻摆动。

② 握手。握手时应伸出右手，手掌呈垂直状态，掌心向左，以示谦虚和尊重，用力要适度，握手时间持续3秒左右即可。与多人握手时，应遵循先长后幼、先女后男的原则，与异性握手时应用力轻、时间短。

③ 鞠躬。与来访者迎面而过时，秘书或相关接待人员应面带微笑，可行15度鞠躬礼，头和身体自然前倾，低头应比抬头慢。接送来访者时，秘书或相关接待人员可行30度鞠躬礼。初见或感谢来访者时，秘书或相关接待人员可行45度鞠躬礼。

（4）介绍礼仪。

自我介绍与介绍他人是接待过程中常有的环节，是人与人相识的最基本形式。

① 自我介绍。自我介绍的内容主要包括问候语、单位、部门、姓名、职位，例如，"您好！我是××公司行政人员，我叫张行。"

② 介绍他人。秘书或相关接待人员在接待中，常常要对主客双方加以介绍。应把职位低者、晚辈、男士，分别介绍给职位高者、长辈、女士。

（5）名片礼仪。

名片，又称卡片，中国古代称名刺，是标示姓名及其所属组织、联系方法等信息的纸片。名片是新朋友互相认识、自我介绍的快速有效的方法。交换名片是商业交往的第一个标准官式动作，也是向对方介绍自己的一种方式。

向客户致谢或预约拜访的时间时，可以把写有时间、地点的名片装入信封发出，这可以代替正规请柬，又比口头或电话邀请显得正式。

拜访客户时，如果对方不在，可将名片留下，并在名片上留言，客户回来后看见名片，就可以了解拜访者信息。

向客户赠送小礼物时，如让人转交，则可以随带名片一张，附几句恭贺之词。

递名片时应将双手大拇指与食指夹住名片的两角，使文字正面朝向对方，以方便对方阅读。接名片时应双手接过对方的名片，并念出名片上的名字，如果遇到不认识的字可以大方地请教对方，看完正面还要看一下反面，不要把对方的名片随意丢放，应放入自己的名片夹或名片簿当中。

13.1.5 任务实施

有约接待是秘书或相关接待人员必须面对的事务。有约接待根据来访者的身份和重要程度，分为高规格接待和日常的一般性接待。有约接待的工作程序包括以下几个。

1. 做好接待准备

（1）心理准备。

秘书或相关接待人员应具备良好的待客心理，这样有助于赢得来访者的好感。若看到同事在招待来访者，则要有主动协助的精神，不能认为不是自己的来访者就不予理睬。

虽然来访者的性格、说话方式以及行为习惯各有不同，但来访者一般都会认为自己是比较重要的。因此，秘书或相关接待人员在待人接物过程中要做到诚恳、尊重、公平，多站在对方的立场上，以诚相待，要对不能及时接待的来访者表示歉意，并恭敬地请来访者坐下等待。如果是国外来宾，则要对其文化以及风土人情有所了解，以免失礼。

（2）信息准备。

秘书或相关接待人员应提前通过各种途径了解来访者的姓名、性别、单位、职务、访问对象、访问目的以及访问时间等，并填写"预约登记表"，预约登记表示例如表13-2所示。

表 13-2　预约登记表

序号	日期	姓名	手机号码	预约时间	访问对象	备注
1						
2						

在约见前，秘书或相关接待人员必须跟领导或其他相关人员进行信息核实。

（3）物质准备。

接待环境应该清洁、整齐、明亮、美观、无异味。接待环境包括前台、会客室、办公室、走廊、楼梯、室外环境等处。前台或会客室应适当摆放一些花卉和绿色植物，显得生机勃勃；室外的环境应力求做到芳草铺地、花木繁茂，给人以美的感受。应在室内安装通风设备和空调，做好空气调节。室内要有适当的照明，尽量保持安静。

前台需为来访者准备座椅。座椅样式应该线条简洁、色彩和谐。会客室应准备好桌椅、沙发、书报架。报纸杂志应排列整齐，把日期最新的放在最外边；桌椅应摆放整齐，桌面清洁，没有水渍、污渍；墙上可挂与环境协调的画，或某次成功的大型公关活动的照片，以提高公司的可信度；桌上可放一些介绍公司情况的资料。

茶具、茶叶和饮料等要准备齐全，还要放置衣帽架、废纸篓，以供来访者需要时使用。一般来访者可以准备一次性纸杯，重要来访者应准备正规茶具。会客室或附近还应放置电话、复印机、传真机等设备。

（4）方案准备。

拟定出相应的接待方案，方案应包括接待方针、接待规格、接待组织、活动方式、接待日程、接待经费和生活安排等内容。

2. 热情接待来访者

（1）迎接来访者。

来访者到来前，秘书或相关接待人员应将办公桌上的文件收拾好，以防泄密。

如果来访者是在约定的时间到达，则应立刻放下手里的工作，主动迎上前去，有礼貌地询问和确认对方的身份，如："请问先生（小姐），您是从××公司来的吗？"对方认可后，秘书应做自我介绍，如："您好，我是××公司的秘书，我叫××。"或者说："您好，我叫××，在××单位工作，请问您怎样称呼？"并立刻通知被拜访者，然后把来访者引导到指定地点。

如果来访者到达时，秘书或相关接待人员正在接打电话或正在与其他的来访者交谈，则应用手盖住话筒向来访者点头致意或伸手，表示你已看到对方，请来访者稍等，并尽快结束电话或谈话。之后接待来访者时，应主动表示歉意："不好意思，让您久等了。"

如果来访者进门时，秘书或相关接待人员正在处理紧急事情，可以先告诉对方："对不起，我手头有紧急事情必须马上处理，请稍候。"以免对方觉得受到冷遇。

如果来访者比约定的时间来得早，被拜访者不能马上接见，秘书或相关接待人员应向对方问好并进行自我介绍，说明情况，并引其进入休息室休息。

在等待的过程中，可以通过款待茶水，递书报资料来帮助来访者排遣时间，或轻松地和他们交流，使他们感到未被冷淡对待。距约定时间5～10分钟时，秘书或相关接待人员可引导来访者到需要拜访的部门，或者安排工作人员陪同前往。

（2）引导来访者。

引导来访者的过程中应主动提示"×经理正在会议室恭候各位"或"我们现在前去×经理的办公室"，并走在来访者的右前方，配合来访者的步伐，保持1米左右的距离，并不时左侧回身示意走向。

在拐弯处、电梯口、办公室门口等地应停下脚步，伸出右手向来访者做出"请"的手势，让来访者先走，再尾随其后，以示尊敬。乘电梯前，须向来访者说声："在×楼。"并主动操作按键。

进入办公室之前，秘书或相关接待人员应该停住脚步，转身面向来访者，说声："就是这里。"随后敲门，得到允许后为来访者推开门。征得来访者同意后，可将来访者外套挂放在衣帽架上。根据来访者的身份，及时将其引至合适的座位，或由领导安排座位，分清座位的主次，一般远离门口的是上位。

3.引见和招待来访者

（1）引见。

来访者与领导见面时，秘书或相关接待人员应先把来访者介绍给领导。在介绍时，秘书或相关接待人员应眼睛望着来访者，掌心向上45度对着被介绍人，体态端庄，姿势挺拔。介绍来访者时要吐字清晰，声音适当，语气平和，可用"姓名＋职位"的格式以表尊敬。

（2）招待。

来访者坐下后与领导还在寒暄时，秘书或相关接待人员应立即用茶包或上好的茶叶泡茶，茶水不宜过浓，也不宜太满。

一般来访者可用一次性纸杯，重要的来访者应用正规茶具，并在谈话进入正题前上茶，否则就可能打扰主客双方的谈话。为来访者准备好茶水后，秘书或相关接待人员应轻声关门退出。

4. 亲切送别来访者

送别是决定来访者能否满意离开的最后一个环节。当领导与来访者会见结束时，秘书或相关接待人员应马上站起来相送，客人如果先伸手，秘书可边与之握手边说"请走好""再见""欢迎下次再来"等，并主动为来访者取衣帽等物，并扫视一下桌面，看是否有东西被遗忘。当来访者带有较多或较重的物品时，还应主动帮来访者提重物。

秘书或相关接待人员和领导一起送客时，应比领导稍后一步，但在需要开门或按电梯时，要紧走几步开门或按电梯按钮。一般的来访者送到楼梯口或电梯口即可，但如果是重要的来访者，则应送到办公楼外或单位门口，等来访者移出视线后，再返身离开。

如果用小轿车送客，还要注意乘车的座次。上车时，秘书或相关接待人员应主动把车门打开，请来访者上车并坐在后排右侧，等来访者乘坐的车离开视线后再转身回去。

13.1.6　课后任务布置

（1）谈谈有约接待工作中需要注意哪些礼仪？
（2）有约接待工作的主要流程包括哪些？
（3）案例分析：王经理去某公司办理业务，刚一进门，只见一位倒背双手，面带微笑的女秘书迎了出来，并用亲切的话语向他问好。王经理虽然也客气地回应了女秘书的问候，却对女秘书的表现不满意。试分析王经理为什么对女秘书的表现不满意。
（4）情景模拟：恒达公司自成立以来，秉承"不断钻研、力求创新"的经营理念，努力开发新技术，不断完善专业服务网络，这几年经营效益连续翻番。恒达公司的成功得到了集团总公司的高度肯定和鼓励，来恒达公司参观交流的业内同行、采访报道的媒体记者，以及洽谈合作项目的商界人士日益增多。恒达公司肖总经理在某日下午 3:00 要接待一位重要的预约客人，请按规范的操作程序做好此次接待工作。

本节思维导图如图 13-1 所示。

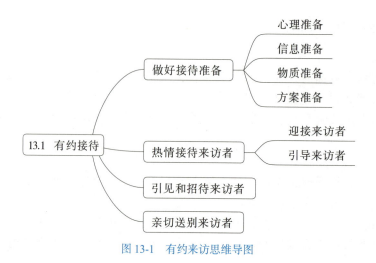

图 13-1　有约来访思维导图

知识拓展

接待工作的原则

1. 一视同仁

秘书或相关接待人员面对不同的来访者时,虽然在接待的程序、规格上可以有所不同,但在接待态度上应一视同仁。所谓一视同仁,指的是在态度上对每个来访者都要热情欢迎、以礼相待。

2. 热情周到

接待工作本身是琐碎而具体的,涉及许多部门和人员,牵涉食住行和人财物等方方面面,这都需要秘书或相关接待人员周密组织、精心安排,把工作做得细致入微、有条不紊。

3. 礼仪得体

接待工作是一项典型的社交活动,在工作中应以礼待人、讲究礼仪,这既可以体现秘书或相关接待人员的素养,又可以提升其所在的社会组织的外在形象。秘书或相关接待人员应重视接待过程中的一些行为细节。例如,应善于控制自己的情绪,避免把不良情绪带入工作,精神饱满地对待每一位来访者,当来访者讲话时应注视对方并认真倾听,不随意打断和做其他的事情,等等。

4. 安全保密

安全保密是接待工作中必须坚持的一项重要原则。无论是哪种规格的接待,都要注意安全保密,对于高级领导的事务来访,保证安全和保守秘密就显得更加重要。安全包括来访者的驻地安全、交通安全、饮食安全和工作事宜的安全等。保密包括会谈保密、文件保密和活动安排保密等。

13.2　无约接待

13.2.1　情景导入

有一天,唐代著名边塞诗人岑参去草堂拜访杜甫。杜甫虽意外却很是高兴,当下取出酒来吩咐家人设宴招待。可是,杜甫的妻子翻遍了所有的柜子,仅仅找出了两个鸡蛋、一根葱。杜甫的妻子很为难。不料,杜甫却不以为然地说:"没关系,家中有啥吃啥,咱们拿出所有的食物,以诚相待就是了。"

不一会儿,杜甫家待客的第一道菜便端上来了。原来这道菜是两个蛋黄做成的,而蛋黄之间又极巧妙地放了一根葱叶。杜甫十分热情地举起筷子,轻声吟道:"两个黄鹂鸣翠柳。"

久别重逢,岑参见杜甫仍把自己当好朋友,立刻与杜甫举杯畅饮,倍觉亲切。紧接着,第二道菜也端上来了。这道菜是用两个蛋清做成的,乍一看,让人觉得有点寒酸。

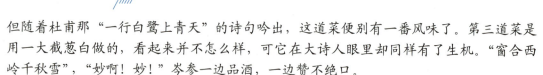

但随着杜甫那"一行白鹭上青天"的诗句吟出，这道菜便别有一番风味了。第三道菜是用一大截葱白做的，看起来并不怎么样，可它在大诗人眼里却同样有了生机。"窗含西岭千秋雪"，"妙啊！妙！"岑参一边品酒，一边赞不绝口。

这时候，杜甫家待客的最后一道菜端上来了。岑参见状，惊喜不已，几乎与杜甫同时吟出第四句诗："门泊东吴万里船。"原来这第四道菜是一大碗冒着热气的清水汤，而汤水上面居然漂荡着像船儿一样的两个鸡蛋壳。

诗成酒毕，两人同时开怀大笑。两个鸡蛋、一根葱、一首诗，把两位大诗人的心牵得更近了。

资料来源：https://ely.cc/shiju/2023/01/06/182348.html[2024-05-28].

13.2.2　情景描述

一天上午，王秘书在前台值班，一位中年客人推门而入，秘书马上站起身迎接："您好！请问您是？""我找你们老总！"客人语气比较急切，说着就要往里走。这时秘书继续问道："对不起，先生，请问您贵姓？"客人或许意识到了自己的鲁莽，便介绍说："我姓张，是你们老总的同学，有一些重要的事情需要与他商量。"于是，王秘书立即将这位客人引导到会客室，然后通知了领导。请分析王秘书的做法是否符合接待礼仪的要求？

13.2.3　任务分析

无约接待是秘书工作的重要内容。秘书或相关接待人员无法提前预测来访者来访的真正目的，无法提前做好接待前的准备工作。如果来访者的事情重要且紧急，又恰在秘书或相关接待人员的职权范围内，则应及时处理，确保来访者满意。

如果来访者到来后，执意要见某一领导，而来访者来访的目的又合理正当时，则秘书或相关接待人员应及时安排来访者约见领导。

如果领导不能及时接见来访者，应诚恳道歉，为来访者重新安排预约。对于那些领导不愿意接见的来访者，可以告诉其领导不在，并且短时间不会回来，如果有什么要求可以告诉自己，等领导回来后，一定替其及时转达，并尽快给对方回复。对于那些来访目的不明、动机不纯的来访者，秘书或相关接待人员要礼貌而明确地拒绝其访问。

13.2.4　知识准备

1. 无约接待的内涵

无约接待是指对事先与本单位无约定的来访者的接待。虽然许多单位都有明确的约见制度，但在日常工作中，秘书或相关接待人员经常会遇到一些没有预约的来访者，接待好这类来访者是一名称职的秘书或相关接待人员应该具备的素养。

在无约接待中，秘书或相关接待人员要本着主动服务的原则热情迎接，问明情况后要根据事情的轻重缓急进行处理，不能让无约来访者耽误领导和自己的正常工作。

2. 无约接待的作用

（1）保障作用。

社会组织一直处于与其他社会组织和个人的交往之中，有交往就有接待。做好无约接待工作不仅可以保障社会组织的正常运转，还可以替领导排忧解难，保障领导的正常工作不受干扰。

（2）公关作用。

无约接待工作质量的好坏，来访者的满意与否，不仅关系到秘书或相关接待人员的个人形象，更关系到其所在社会组织的形象。

（3）沟通作用。

秘书或相关接待人员需与来访者交谈、沟通、交流，既要向对方传递其所需信息，又要从来访者那里了解情况、收集信息，必要时还要向领导和有关部门传递信息。

3. 无约接待的特点

（1）接待对象的复杂性。

在无约接待中，秘书或相关接待人员接待的来访者既可能是政府官员，也可能是新闻媒体；既可能是合作伙伴，也可能是竞争对手；既可能是外宾，也可能是内宾；既可能是熟悉的人，也可能是陌生的人。来访者可能在国别、职务、身份、性别等很多方面具有复杂的特征。

（2）来访目的的多样性。

在无约接待中，秘书或相关接待人员无法提前预测来访者来访的真正目的。例如，其来访是属于常规的业务工作的来访，还是非常规的来访。这无形当中增加了接待的难度。因此，无约接待对秘书或相关接待人员的综合素养、接待技巧、临场发挥能力、随机应变能力等有较高的要求。

（3）接待方式的差异性。

来访者的身份、地位的复杂性和来访目的的多样性，决定了秘书或相关接待人员在接待的时候不能采用相同的接待方式。

4. 无约接待的技巧

（1）热情接待，礼貌送客。

秘书或相关接待人员应面带微笑地去主动问候来访者，不能因为对方没有预约而不理不睬，或者冷言相对。要尽快了解来访者的来访目的，根据来访者的不同来访目的做出不同的处理。对于无约而来的来访者，要对他们的到来表示感谢，对自己的不足之处深表歉意，从而确保来访者满意，以塑造组织的良好形象。

（2）坚持原则，分流处理。

对于无约而来的来访者，秘书或相关接待人员应根据来访者的来访目的和事情的轻重缓急安排预约。

（3）灵活挡驾，为领导分忧。

为领导挡驾是秘书或相关接待人员必须具备的一项技能，也是保障领导正常开展工作的一项基本条件。秘书在接待无约而来的来访者时，可根据自己的职业悟性判断来访者是否需要挡驾，再根据来访者的来访目的及特点，灵活采用不同的挡驾方式。

总之，无约接待工作是秘书的重要工作内容之一，它能体现一个秘书或相关接待人员的素养和工作技巧。秘书或相关接待人员必须随机应变，灵活处理，掌握接待技巧，从而确保来访者满意。

13.2.5 任务实施

1. 了解来访者的身份及来意

接待意外来访的来访者，秘书或相关接待人员不能"有求必应"，但又不能无礼怠慢。对于不速之客，秘书或相关接待人员必须礼貌委婉地了解其身份及来意，并依据接待实情填写"来访登记表"，如表13-3所示。

表13-3 来访登记表

序号	姓名	所在单位	被拜访人		事由	时间		备注
			姓名	部门		到访	离开	

2. 对来访者恰当分流处理

秘书或相关接待人员在了解了来访者的身份和来意后，应及时对来访者做出恰当的分流处理。

对于确实应由领导亲自接待的重要来访者，若事情非常紧急，则应尽快安排他们会面，或立即通知领导，按领导的指示处理。而对于应该由领导接待，但事情不是非常紧急的来访者，若领导没有时间接待，秘书或相关接待人员则可以诚恳地与来访者协商会面时间。

对于无需领导出面就能解决问题的来访者，秘书或相关接待人员应热情地把他们介绍到其他有关的部门。

对于不受欢迎的来访者，秘书或相关接待人员可委婉而坚决地拒绝。

3. 礼貌送别来访者

即使来访者是不速之客，秘书或相关接待人员也应以礼相送。

13.2.6 课后任务布置

（1）讨论挡驾的艺术。

（2）案例分析：史密斯先生是你公司的重要客户，到你办公室要求拜见你的领导，可你的领导正在俱乐部与一位重要客人吃午餐。作为秘书，你应该如何处理这种局面？

（3）情景模拟：秘书小李正在前台接电话，忽然看见两位来访者直接走向办公室。小李赶紧叫住他们。来访者有些不耐烦地说："我们上午刚来过，是找你们总经理的。上午的事没有办完。"小李说："对不起，请稍等一下。我马上跟总经理联系。"总经理在电话里说："我不想见他们，请你帮我挡一下。"

要求：3 人一组，分角色进行情景模拟，演示秘书小李的处理过程。

本节思维导图如图 13-2 所示。

图 13-2　无约接待思维导图

知识拓展

个人来访接待的注意事项

（1）有约接待或无约接待都需要核实身份，填写预约登记表或来访登记表。

（2）秘书或相关接待人员应向来访者发放宾客卡或临时进出证。

（3）秘书或相关接待人员应礼貌、耐心地解答疑问，但要注意保密事项，不得随便透露领导及其他人员联系方式。

（4）秘书或相关接待人员应对来访者进行过滤、分流。

（5）秘书或相关接待人员应学会为领导挡驾。

第十四章

团体来访接待

知识目标

1. 了解团体来访的接待方案的内容与基本要求；
2. 熟悉团体来访的接待工作的程序；
3. 掌握团体来访的接待工作的操作规范与礼节要求。

能力目标

1. 能根据来访团体规模，拟定切实可行的接待方案并实施接待工作；
2. 能够安排来访团体的食宿、交通、行程。

14.1 接待准备

14.1.1 情景导入

刘某是某上市公司温州分公司的办公室主任。总公司审查小组来分公司检查业务,一路南下,温州是最后一站。这事关分公司的业绩考核,办公室工作人员丝毫不敢马虎,趁对方还在杭州考察的时候,刘某特派"侦察"人员到杭州"搜集情报",一番旁敲侧击,探得"军情"如下:审查小组共五女一男,来自五湖四海,对饮食要求不高,唯一提出的要求是住的地方要安静。

接到情报后,办公室工作人员随即在市区展开一番酒店搜索行动。第一,要安静,最好是曲径通幽,四处无声;第二,要考虑距离——酒店距离工作单位要近,不能让人家在烈日炎炎下赶十几分钟还没有到公司。

最后,办公室工作人员终于在位于闹市区的一家酒店选定了房间,房间一不靠近马路,二不靠近电梯,隔着长长的走廊和厚厚的地毯,虽然比不上独门大院,可也是集便捷和安静于一身的难得好房。

办公室工作人员在工作的地方放上糖果、蛋糕和水果之类的零食,让半夜还在加班的审查小组成员有点"零嘴"嚼嚼。所有的就餐时间随审查小组成员工作时间弹性调整,中午一律安排工作餐,晚餐之前,派人去问候一下,顺便探探底,如果一切顺利,晚餐就可以尽心安排;如果还要加班,那就速战速决,绝不拖泥带水浪费时间。酒席上不劝酒、不刻意安排晚上的娱乐项目,少了应酬,就多了很多休息时间,这可以让劳累了一天的审查小组成员感到十分贴心。

如果是需要尽心安排的晚餐,刘某会特意安排邻近购物区的就餐点,让审查小组成员饭后还有闲暇时间去逛街压马路。每天都在不同的酒店就餐,每餐必有该店的特色菜,再搭配几样小吃,几乎没有一次的菜式是相同的,光是虾的做法就有十几种……

最后一天的晚餐,刘某做了一个相当大胆的举动:彻底抛弃了温州人待客必用的海鲜,而是用北方人常吃的肉类食品。当然,这不是"匹夫之勇",而是深思熟虑的结果。在温州这么多天,该吃的海鲜已经吃得差不多了;很多审查小组成员是北方人,离家太久就会想念家乡的味道,俗话说,"金窝银窝不如自己的狗窝",海鲜虽然是温州特色,却不得不败给家乡味。果然,酒席中,对方对此次招待赞不绝口。

资料来源:根据网络资料整理。

14.1.2 情景描述

某日,某贸易公司秘书钟×接到行政经理谢×的邮件,邮件内容如下。

钟×：

2023年3月1日（下周三）公司总部副总裁王×一行五人将来我公司视察。视察内容包括：听本公司领导述职（9:00—11:00在公司主楼第二会议室）；11:30—12:30在公司宾馆餐厅海王星厅就餐，我公司陪同人员有我公司总经理、两位副总经理、办公室主任、公关部部长、秘书纪×，共6人；出席本公司科技人员表彰大会（13:30—15:00在公司礼堂举行）；检查实验大楼的建设情况（15:20—16:20在工地现场）；晚餐在17:00—19:00举行（地点同中午）。此次活动主陪人为我公司总经理、两位副总经理、办公室主任及秘书。请你写出一份接待计划，并列出接待安排表。

行政经理 谢×
2023年2月22日

14.1.3　任务分析

团体来访接待与个人来访接待相比，接待时间更长，涉及人员更多，工作内容更复杂，因此秘书或相关接待人员必须做好接待的准备工作，了解来访团体的来访目的、基本情况，以便提前安排好来访团体的食宿、交通、行程及参观娱乐活动。

14.1.4　知识准备

团体来访接待涉及的方面较多，很多工作需要单位内其他部门及人员的配合才能完成，秘书或相关接待人员应该注意随时与有关部门及人员进行沟通，加强合作与联系。

1. 团体来访接待流程

（1）了解来访团体的情况。
（2）明确来访团体的来访目的。
（3）拟定接待方案。
（4）确定接待人员。
（5）与来访团体及本单位相关部门沟通。
（6）报请审批。

2. 团体来访接待的具体准备工作

按照接待方案，秘书或相关接待人员应该做好具体的准备工作，主要包括以下几点。

（1）了解来访团体的基本信息。如人员构成情况、其所代表的机构或组织情况、本次来访目的等，同时应准备本单位的资料。

（2）接站、食宿、交通等安排。事先做好来访团体的接站、食宿、交通等安排，每一个环节都必须具体落实，不能有半点疏漏。

（3）场所及物资准备。在做准备工作时，不仅要落实接待活动中要用到的会议室等场所和办公物资，还可为来访团体准备一些小礼品。

14.1.5 任务实施

1. 了解来访团体的情况

（1）来访团体的基本情况：包括来访团体所代表的机构或组织、具体人数、抵达的时间和地点、离开的时间、乘坐的交通工具、行程路线和日程安排。

（2）来访团体的个人情况：包括来访者的姓名、性别、年龄、身份、职务、民族、宗教信仰、生活习惯、个人爱好、性格、特长等。

2. 明确来访团体的来访目的

来访团体的来访目的一般可以向领导或有关人员了解，也可以通过函件等方式直接与对方单位的秘书接洽了解。如想更全面地了解，还可以上网搜索，或通过亲朋好友帮忙。只有准确了解来访目的，做出的接待方案和准备工作才有针对性。

3. 拟定接待方案

接待方案是秘书或相关接待人员在接收接待任务后拟定的接待工作计划与安排。

秘书或相关接待人员要做好接待工作，就要合理安排来访团体来访期间的工作、生活和业余活动。根据来访团体的来访目的和要求妥善安排迎送活动、会见、会谈、参观、交流、游览或娱乐、宴请等项目，接待方案拟好后，要提交领导审核，日程安排还要交给对方确认，征求意见后修改定稿。

接待方案一般包括以下内容。

（1）确定接待规格。确定接待规格即确定本次接待的接待总负责人、其他陪同人员，以及住宿、餐饮的规格等。

（2）安排接待日程。安排接待日程包括对接待时间、地点、活动内容、接待人员的安排。秘书或相关接待人员应根据所知信息合理编制"接待安排表"，如表14-1所示。

表 14-1 接待安排表

来访团体		来访日期		接待总负责人	
具体人数		离开时间		其他陪同人员	
来访背景	来访团体单位				
	来访目的				
参观安排	参观路线				
	讲解人员				
会议安排	主持人				
	现场会务员				
住宿安排	姓名（主要联系人）	留宿日期	人数	酒店	结算方式	备注

续表

来访团体			来访日期			接待总负责人	
具体人数			离开时间			其他陪同人员	
餐饮安排	负责人		宴请人数	时间	地点	结算方式	备注
接待分工	分组		负责人	工作分工			
	接待组						
	会务组						
	后勤组						
	宣传组						
其他要求							
费用申请			领导签字				

（3）安排食宿。为来访者安排食宿时要重点考虑来访者的食宿规格、饮食习惯、住宿要求等，并与来访者及时协调沟通。秘书或相关接待人员不可擅自提高或降低接待标准，如果来访者的要求是超标的，应及时向领导汇报，由领导做决定。

（4）列出接待经费。接待经费主要包括住宿费、餐饮费、劳务费、交通费、工作经费、资料费、考察参观娱乐费、纪念品费等。如果来访者的住宿费、交通费等由来访者支付，秘书或相关接待人员要将接待经费预算表寄给对方，接待经费预算表如表14-2所示。

表14-2　接待经费预算表

序号	项目类别	费用预算明细/元	合计金额/元	备注
总计				

4. 确定接待人员

重要的团体来访，秘书一个人是无法承担所有准备工作的，在接待方案中，要确定各环节的接待人员是否都准确地知道自己在此次接待活动中的任务，也可制订相应的表格，印发给有关人员。

5. 与来访团体及本单位相关部门沟通

接待方案和相关事宜初步定好后，秘书或相关接待人员可将接待方案发送给来访者，请来访者提出修改意见。来访者对接待方案表示认可并给予答复后，秘书或相关接待人员应再将此次接待工作涉及的工作人员召集到一起，商讨接待的具体事宜，落实人员的安排和相关材料的准备。

6. 报请审批

秘书或相关接待人员将接待方案报请领导审批，审批后方可准备。

14.1.6　课后任务布置

（1）团体来访接待工作的接待方案包括哪些内容？

（2）情景模拟：某市第一中学即将迎来百年校庆，在庆典上，该校党委书记、校长、副校长、该市教育局局长、分管教育工作的副市长，以及该校办公室主任（主持人）、学生代表将在主席台就座，请为他们安排好座次，并按要求拟定接待方案。

要求：请七名同学扮演七位主席台人员，按自己所理解的位置站好，七人之间可以相互讨论，其他同学在他们站好后再发表意见予以纠正。

本节思维导图如图 14-1 所示。

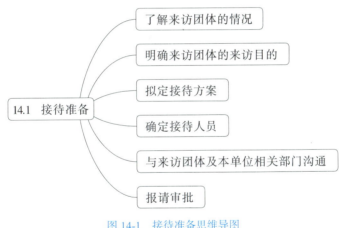

图 14-1　接待准备思维导图

14.2　接待实施

14.2.1　情景导入

何招法是上海锦江饭店老员工，1972 年曾负责尼克松夫妇访问上海期间的客房管理和餐饮工作。据何招法回忆，当时锦江饭店接待的美国客人接近 300 人，对总统、总统夫人等重要宾客，服务人员做到"客到、茶到、毛巾到"，对美方安保人员，也会主动送上一杯热茶或咖啡。

夏永芳退休前是上海市人民政府外事办公室主任助理，全程参与了1972年美国代表团的访沪接待工作。据她回忆，1972年1月，时任美国总统国家安全事务副助理黑格率先遣小组来华，为尼克松总统访问"打前站"。相关部门紧急要求上海一家老字号食品企业在两天内赶制出9种糖果，用精美礼盒包装，赠送黑格小组每位成员。"50年前的中国，一下子批量生产出这些糖果还是不容易的。收到糖果礼盒的时候，一些美国客人高兴得跳了起来。他们说，从中感受到中国的热情和温暖。"夏永芳说。

黑格"打前站"与尼克松来访时，都在上海观看了杂技表演。周良铁是原上海杂技团演员，当年曾两次为美国客人表演中国传统杂技《小武术》。据周良铁回忆，为尼克松一行表演杂技时，"全神贯注，完全顾不得留意美方观众的反应"。后来他才知道，时任美国总统国家安全事务助理基辛格当时对这场杂技表演大加赞赏，并对中方接待人员表示，"要是能到美国去演出，肯定是要轰动的"。

当时还有一位年仅12岁的上海小学生参与了美国代表团的接待工作。他就是当年中福会少年宫外宾接待小组成员，后来曾担任复旦大学常务副校长、上海医学院院长的桂永浩。"为了接待尼克松总统夫人来少年宫参观，我提前查找了美国各州的名字、地理位置及其政治、商业、工业等中心城市的情况，默记于心，自信地出现在美国客人面前。"桂永浩告诉记者。

"当时少年宫有许多兴趣小组，合唱组的同学们唱了一首美国民谣《草堆里的火鸡》。尼克松总统夫人听到后，眼圈都红了。"桂永浩对这一幕特别难忘。

回首当年的接待工作，桂永浩说，这一段经历对自己的人生道路产生了巨大影响，"国之交在于民相亲，民相亲在于心相通的道理，在那个时候，就在我的心里生根、发芽。"

资料来源：http://www.news.cn/world/2022-02/24/c_1128413257.htm[2024-05-28].

14.2.2　情景描述

田×担任总经理秘书后第一次独立负责来访团体的接待。这一天，她早早来到公司，希望能圆满完成任务，结果事与愿违，一天里事故不断。上午去机场接机，因路上堵车迟到了半小时。陪同客人到达酒店后，又因匆忙进电梯，不小心将客人的手夹住了。

中午公司设宴招待客人，田×按总经理平时的饮食习惯点了很多猪肉类菜肴，菜肴上来后，几位客人都没有动筷子，原来他们都是回民。当客人到达酒店时，她把客人安排在临门的地方。

晚上陪客人去听音乐会，田×的手机接连响了两次，由于音乐会声音较大，所以田×很大声地对着手机讲话，周围的人都不满地看她。第二天一上班，总经理就把她狠狠批评了一顿，要她写一份深刻的检讨。请分析田×哪些地方做得不妥？应该怎么做？

14.2.3　任务分析

秘书或相关接待人员必须提前做好接待前的准备工作，要了解来访团体的具体情况，制定接待方案；安排好来访团体的住宿、交通、行程及参观娱乐活动。迎送工作中迎送重要的来访团体时，宜事先在迎送地安排贵宾休息室，并准备饮料茶水。来访团体抵达后，一般不要马上安排活动。如果是多头接待，则应相互协调，规格要相差不大，活动不要重复，不要冲突。

14.2.4　知识准备

1. 迎宾仪式

迎宾是指在有约来访的前提下，接待方派出接待专员到某一特定地点恭候宾客到来。迎宾仪式则是指接待方为表示对宾客的尊重，在迎宾地点举行一个约定俗成的仪式，也称欢迎仪式。

2. 接待规格

（1）高规格接待指主要陪同人员比主要宾客的职位高的接待形式。
（2）对等规格接待指主要陪同人员与主要宾客的职位相当的接待形式。
（3）低规格接待指主要陪同人员比主要宾客的职位低的接待形式。

高规格接待固然能表现出重视、友好，但会占用主要陪同人员过多的时间，经常使用会影响主要陪同人员的正常工作。低规格接待有时是因单位的级别造成的，用得不好会影响与对方的关系。对等规格接待是最常用的接待形式。

3. 迎宾程序

（1）宾主双方热情见面，相互问候。向宾客献花。
（2）宾主双方相互介绍。
（3）主人陪同宾客与欢迎队伍见面。

4. 会见和会谈

（1）会见即与别人会面、相见，是一种礼貌性的应酬，也称会晤，时间较短，通常指主人会见宾客。按双方身份高低，会见有不同的称呼。习惯上身份、级别、地位高者会见身份、级别、地位低者，叫"接见"或"召见"；反之，则称为"拜见"。会见可分为礼节性会见、政治性会见和事务性会见，或者兼而有之。

（2）会谈是指双方就某些实质性问题交流情况、交换意见或达成协议等，内容比较正式，又称谈判。

14.2.5　任务实施

1. 迎接来访团体

有以下两种迎接方式。
（1）主要陪同人员在宾馆等候，派副职或办公室主任带人到机场或车站迎接。

（2）主要陪同人员亲自到机场或车站迎接，表示对来访团体的重视。如与来访团体从未见过面，就需要事先制作一面牌子，上书来访团体的单位名称，字迹要工整清晰、大小适宜，保证可以从远处看清，如有需要可准备花束。

2. 会见、会谈

对于来访者，特别是正式来访的团体，一般都要安排会见、会谈活动，以进行双向交流和磋商。

会见是礼节性的会晤，时间通常在半小时左右。

会谈的内容比较正式，多指双方就某些实质性问题交流情况、交换意见、达成协议。

会见、会谈前秘书要做好信息资料的收集工作，提供给领导或其他人员作为参考。

会见、会谈时要安排好座次。会见时，座位安排通常为半圆形，宾客在右，主人在左。会谈时，宾主通常在长方形桌子两边相对而坐，宾客在离门较远的一方。

会见、会谈结束时可安排合影留念，应事先安排好合影位次。一般主要陪同人员和主要宾客居正中，遵循以右为尊的原则，若人多，则要分成多行，按前高后低排列，尽量不要让来访者站在边上，具体见图14-2。

客5　客4　客3　客2　宾　主　陪2　陪3　陪4　陪5

照相机

注："主"指主要陪同人员，"宾"指主宾，"陪"指其他陪同人员，"客"指其他宾客。

图 14-2　合影位次图（图片来源于网络）

3. 安排参观活动

为使来访团体更全面地了解本单位情况，一般会安排来访团体对单位相关部门、厂房、实验室等进行参观。安排参观活动要注意以下几点。

（1）参观目的要与来访目的相一致。

（2）选择有代表性的内容，能够满足来访团体的基本要求。

（3）不会泄露核心秘密。

（4）做好参观路线安排，并事先与路线中涉及的各部门提前沟通，以保障在参观过程中接待工作能够良好衔接。

4. 安排娱乐活动

来访超过一天或时间比较宽裕时，一般会安排游览本地著名景区或其他娱乐活动。安排娱乐活动时应了解来访者的身体情况、年龄、特长和兴趣等，在制订计划前做好充分准备,选择合适、高雅的场所,提前熟悉游览地或将要去的场所,提前预订门票,并安排好行程以及交通工具、食宿等。

5. 送客之道

迎来送往是待客之道,在来访团体离开时,还应做好最后的送别工作。在来访团体离开前,全体陪同人员可到来访团体下榻的宾馆去话别,时间不宜过长,控制在半小时之内为好。若有礼品要送,此时送上最好,以便来访团体及时存放。此时还应告诉来访团体关于送行人员、车辆及时间方面的安排。如果主要陪同人员没有时间,可请副职或办公室主任代替到机场或车站送行。

14.2.6　课后任务布置

(1)接待中可能出现的突发事件有哪些?
(2)如何处置接待中的突发事件?

本节思维导图如图14-3所示。

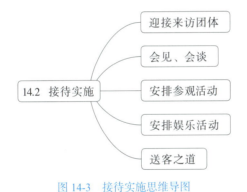

图14-3　接待实施思维导图

14.3　商务宴请

14.3.1　情景导入

这是张×升任公司副总经理以来第一次单独宴请客户,对方是一位重要的新加坡客户——卢先生。事关几百万生意的成败,张×不免有些紧张。张×先在一家新加坡菜馆订了包房、点好菜。因为他了解到卢先生是从美国出差后直接来华的,离开新加坡这么久,肯定特别想念家乡菜的味道。张×提前来到包房等候,听到迎宾小姐"这边请"的声音之后,张×赶快安抚了一下自己的情绪,尽量镇定地坐在那里。

门开了，一位60多岁的老人走了进来，张×马上走过去，热情地伸出手："您好，卢先生。"张×向卢先生进行了自我介绍，尽量使自己谈吐清晰、彬彬有礼。开始上菜了，一碟一碟十分精致，大多是新加坡的家常菜。卢先生显得非常兴奋，两人边吃边聊，整个用餐时间笑语不断。

用过餐后，盘里的菜大多已经吃完了，就一个盘子里还剩下了四个小包子，张×吩咐服务员打包。服务员似乎有些不解，张×不加理会，自己动手认真地把包子装入盒中。这时，卢先生向他投来了赞赏的目光："没想到张总这么节俭，对于现在的年轻人来说，真是难能可贵。"

张×谦虚地笑了："养成习惯了，家母说'粒粒皆辛苦'，公司也都提倡节俭，所以我也变得有些'小抠'了。"说罢两人相视，哈哈大笑。

三天后，卢先生的公司和张×所在的公司顺利签下合约，卢先生特地点名要张×参与这项合作。

资料来源：杜明汉，刘巧兰，2020.商务礼仪：理论、实务、案例、实训 [M]. 3版.北京：高等教育出版社.

14.3.2 情景描述

郭先生是一位外贸公司的业务经理，有一次，郭先生因为工作上的需要，在国内设宴招待一位来自英国的生意伙伴。有意思的是，那一顿饭吃下来，令对方最为欣赏的，倒不是郭先生专门为其准备的丰盛菜肴，而是郭先生在陪同对方用餐时的一处细小的举止表现。用那位英国客人当时的原话来讲就是："郭先生，你在用餐时一点儿响声都没有，这使我感受到你良好的教养。"

请分析英国客人欣赏郭先生的举止表现的原因，并学习商务宴请工作的相关注意事项。

14.3.3 任务分析

商务宴请是一种较高规格的礼遇，主办单位一定要认真做好各种准备工作，提前了解宴请对象的身份、国籍、习俗、爱好等，以便确定宴会的规格、主要陪同人员、餐式等。

正式宴请的时间以晚上居多，要根据主人、主要宾客身份确定宴请的档次，考虑宴请对象的饮食特点和禁忌，地点以中高档餐厅为佳，注意环境的幽雅、安静，最好是包间。秘书应事先确定时间、地点、参与人员、交通工具、桌次、座次、菜单等，并报领导批准。在宴请时，接待人员应到门口迎接来宾，引导来宾进入宴会厅并入座。

14.3.4 知识准备

在当代社会，商务宴请是各类社会组织从事商务活动的主要方式。在宴请过程中，有一些基本的宴请技巧和礼仪规则需注意。

1. 商务宴请的形式

当前国际上通用的商务宴请形式有正式宴会、非正式宴会、招待会、茶会等，应根据活动的目的、宴请对象以及经费开支等因素来决定采取何种形式。

（1）正式宴会。

正式宴会是一种隆重而正规的商务宴请。它往往是为宴请专人而精心安排的，通常会在比较高档的饭店或是其他特定的地点举行，是讲究排场及气氛的大型聚餐活动。

（2）非正式宴会。

非正式宴会常见的有便宴和家宴两种形式。

① 便宴同样适用于正式的商务交往，常见的有午宴、晚宴，比较简便灵活。便宴一般只安排相关人员参加，不邀请配偶。对穿着打扮、席位排列、菜肴数目往往不做过高要求，而且也不安排音乐演奏和宾主致辞环节。

② 家宴是指在家里举行的宴会。相对于正式宴会而言，家宴最重要的是要营造亲切、友好、自然的气氛，使宾主双方轻松、自然、随意，使彼此增进交流，加深了解，相互信任。

（3）招待会。

招待会是指各种不配备正餐的商务宴请，常见的有酒会和冷餐会两种。一般备有食品和酒水，通常不排固定的席位，可以自由活动。

（4）茶会。

茶会是一种简便的招待形式，一般在下午4点或上午10点左右举行。地点通常设在客厅，厅内摆放茶几、座椅，不排席位。如果是为贵宾举办的茶会，在入座时，主要陪同人员要有意识地和主要宾客坐在一起，其他出席者可相对随意。

2. 商务宴请的注意事项

商务宴请时一般要提前两周用请柬正式发出邀请。请柬内容包括：活动的主题、形式、时间、地点、主要陪同人员姓名等。请柬要精美，书写要清晰美观。

商务宴请时要提前安排宴会的桌次和座次，拟定菜单时要考虑规格、身份，菜品要精致可口、赏心悦目、特色突出，尊重宴请对象的饮食习惯、禁忌。宴会座次图具体见图14-4。

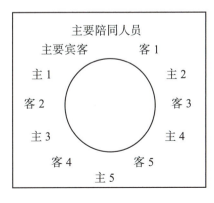
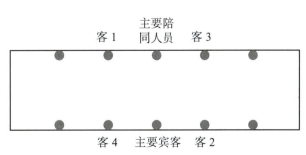

图14-4 宴会座次图（图片来源于网络）

14.3.5 任务实施

接待来访团体或重要客户时，一般会在接风或送行时安排商务宴请，其余饮食可以在宾馆或公司按相应标准安排工作餐。

1. 商务宴请的准备工作

（1）确定宴请名单。秘书可以根据宴请目的或主宾身份草拟一份宴请名单，最后由领导确定。

（2）请柬发放。正式商务宴请一般都会发放请柬，并采用书面邀请的形式，以示郑重。对所有宴请对象都要一视同仁地发放请柬。请柬中应写明宴请的时间、地点，对服装的要求，如"请穿正式服装"或"请随意着装"等。

（3）选择环境。商务宴请要特别注意环境的幽雅、安静。

（4）确定菜单。要注意宴请对象的饮食习惯、民族禁忌。菜式最好要有地方特色，要做到精致又不奢华。尽量不选择那些稀奇古怪的菜肴，例如某些昆虫等。

（5）确定桌次和座次。正式商务宴请都要事先排定桌次和座次，秘书草拟后应上呈领导确认。桌次的位置是离主桌越近越好，同样距离时，右高左低。

2. 商务宴请的程序

（1）迎宾。商务场合中的迎宾一般都是在大门口安排人员迎接，与宴请对象相互握手问候，并将宴请对象引至休息厅，休息厅内应有招待员照顾宴请对象。

（2）就座。入座时应礼貌地请对方从左侧入座。就餐时，男士应为女士拉开椅子。入座时应避免发出大的响声。离座时应向周围人示意，再缓慢起身，从左侧离座。注意尊卑先后次序，应让尊者先离座。

桌位较多的情况下，入座时应先从主桌入座，其他人再陆续入座；也可以等主桌以外的宴请对象都已坐定后再请主桌的人员入座。

（3）致辞。正式的商务宴请都会有一个正式的致辞，以对到来的客人表示欢迎，以及对到来的客人进行介绍。非正式的商务宴请由主宾双方简单介绍即可开始就餐。

（4）用餐。用餐时主人应努力使宴会进行得顺畅和气氛融洽。可以不时地找话题进行交谈。还要注意主宾用餐时的喜好，掌握用餐的速度。

3. 商务宴请的礼仪

（1）西餐进食礼仪。

取菜时一次取的菜品不要太多，需增加时，待服务人员送上再取。进食时要文雅，吃东西时应闭着嘴细嚼慢咽，尽量不发出声音；喝汤时不要啜，汤菜太热，稍凉后再食用，忌用嘴吹去热气；嘴内有食物时切勿说话；吃剩的菜、用过的餐具、牙签及骨刺等都要放入骨盘内，忌随便乱扔；剔牙时，要用手或餐巾遮口。

（2）商务宴请敬酒礼仪。

① 斟酒。除主人和服务人员外，其他来宾一般不需要给别人斟酒。假如主人亲自

斟酒，应当用本次宴会上最好的酒斟，来宾要端起酒杯致谢，必要的时候应当起身站直。白酒应当斟满，而其他酒就不用斟满。

② 敬酒。敬酒应当在特定的时间进行，以不影响宴请对象用餐为首要考虑。敬酒分为正式敬酒和一般敬酒。正式敬酒，是在宾主入席后、用餐前开始，主人先向大家集体敬酒，同时说标准的祝酒词。这种祝酒词内容可以稍长一点，但也就是在五分钟之内讲完。一般敬酒，是在正式敬酒之后，但要留意应在宴请对象方便的时候进行。

一般状况下应以年龄大小、职位高低、宾主身份为序，敬酒前要充分考虑好敬酒的顺序，分明主次，避免出现尴尬的状况。如果多人向同一个人敬酒，应当等身份比自己高的人敬过之后再敬。如果分不清或职位、身份高低不明确，则可以从自己身边按顺时针方向开始敬酒，也可以从左到右、从右到左进行敬酒等。

敬酒无论是敬的一方还是接受的一方，都要留意因地制宜、入乡随俗。干杯的时候，可以象征性地和对方轻碰一下酒杯，不应用力过猛，为表示对对方的敬重可以使酒杯口低于对方酒杯口。如果距离较远，可以以酒杯杯底轻碰桌面，表示碰杯。

4. 宴会后的送别

宴请对象离开时，应主动为其拉开座位，递上衣帽，及时检查有没有遗忘物品，并微笑着向宴请对象道别。

14.3.6 课后任务布置

（1）商务宴请如何安排座次？

（2）情景模拟：组织一次正式的商务宴请活动，负责商务宴请的相关事宜，在实际中锻炼和提高自己的能力。

本节思维导图如图 14-5 所示。

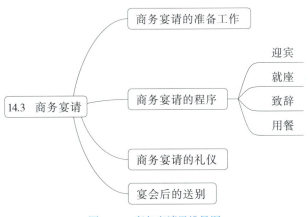

图 14-5 商务宴请思维导图